さばかない・おろさない！
魚のおかず
90

ベターホーム協会

魚料理は面倒。

魚料理は難しい。

そう思っていませんか？

でも、

『さばかない・おろさない！　魚のおかず』

は違います。

使うのは、
切り身や刺身、缶詰など。
さばかずにすぐ調理できます。

さけ

さば

ぶり

刺身

むきえび

ゆでだこ

さば缶

調理も
とってもかんたん。

食べやすく
切って…

野菜と
一緒に炒めたり
煮たりすれば

はい、
できあがり！

さばの甘酢炒め

和洋中エスニック…
バリエーションいっぱい。

ぶりの南蛮漬け

まぐろのソテー
フレッシュトマトソース

プリプリえびと
アスパラの炒めもの

ぶりの酒蒸し
みそ風味

湯上がりさばの
ラビゴットソース

レンジdeたいの中華蒸し

さけと
キャベツのソース炒め

切り身1切れで
2人分作れる、
うれしい節約レシピも!

INDEX

切り身のおかず

	★こんな切り身を使います	12
さけ	さけのパセリパン粉焼き	16
	さけのちゃんちゃんホイル焼き	18
	さけのとろ〜りフラン	20
	さけの串焼き 居酒屋風	22
	さけとキャベツのソース炒め	24
	さけのエスニック炒め	26
	レンジdeさけのワイン蒸し	28
	さけのトマト煮	30
	さけとごぼうのウマウマ煮	32
	さけのサクッとフリット	34
ぶり	ぶりのしょうが照り焼き	36
	野菜でおめかし ぶりサラダ	38
	スープで食べる ぶりソテー	40
	ぶりのコチュジャン炒め	42
	ぶりの酒蒸し みそ風味	44
	ぶりのおろし煮	46
	ぶりの南蛮漬け	48
さば	ごま香る さばの和風ソテー	54
	ミルクさばのふっくらムニエル	56
	さばの甘酢炒め	58
	さばのオイスターソース炒め	60
	レンジdeさばonとうふ	62
	湯上がりさばのラビゴットソース	64
	さばのみそキムチ煮	66
	さばのカレー揚げ	68
白身魚	たいのこぶ茶焼き	70
	さわらのジョン	72
	たらのトマトあんかけ	74

切り身のおかず

かじきのアンチョビ炒め ……………… 76
たらとじゃがいもの卵とじ ……………… 78
カレーdeかれい ……………………… 80
レンジdeたいの中華蒸し ……………… 82
さわらときざみこんぶの煮もの ………… 84
たらのやさしいクリーム煮 …………… 86
たいのちり鍋 ………………………… 88
かれいのベトナム風から揚げ ………… 90
和製フィッシュ＆チップス …………… 92

★切り身が余ったら… …………………… 96

刺身のおかず

★こんな刺身を使います ……………… 98

まぐろ	まぐろの生春巻き	100
サーモン	サーモンのカルパッチョ	102
たい	たいのねばねば塩こんぶあえ	103
盛り合わせ	刺身のセビーチェ	104
	中華風刺身	105
かつお（さく）	かつおとなすの焼きびたし	106
	かつおのからし酢みそ	108
サーモン（さく）	おとなのサーモンソテー	109
まぐろ（さく）	まぐろのソテー	
	フレッシュトマトソース	110
	あぶりまぐろのごま風味漬け	111

★刺身が余ったら… …………………… 112

シーフードのおかず

★ こんなシーフードを使います ………… 114

むきえび
えびのざぶとんぎょうざ …………… 116
プリプリえびとアスパラの炒めもの … 118
えびのヤムウンセン ………………… 120
えびのヨーグルトカレー …………… 122
えびの吉野煮 ………………………… 124

ゆでだこ
四角くても"たこ焼き" ……………… 126
たことじゃがいものガーリック炒め … 128
たこのコチュジャン煮 ……………… 130
たこの和風コブサラダ ……………… 132

ロールいか
いかのなんちゃって墨炒め ………… 134
コロコロいかと豆のワイン蒸し …… 136
棒々いか ……………………………… 138
かんたん衣のいかフライ …………… 140

ほたて
ほたてのソテー
　アンチョビトマトソース ………… 142
霜ふりほたての梅だれ ……………… 144
ほたてのレンチンサラダ …………… 146
ほたてのもずく酢サンラータン …… 148

シーフードミックス
シーフードのスピード八宝菜 ……… 150
シーフードのコーンチャウダー …… 152
シーフードかき揚げ ………………… 154

★ シーフードが余ったら… ………… 156

缶詰のおかず

	★こんな缶詰を使います	158
さんま水煮缶	さんま缶のささっとキムチ炒め	160
	さんま缶とほうれんそうの	
	健康ごまあえ	162
	さんま缶の焼きうどん	163
さんま蒲焼き缶	さんま缶で節約うざく	164
	さんま缶の混ぜずし	165
	さんま缶のオープンオムレツ	166
さば水煮缶	さば缶のカレーパン粉焼き	168
	"缶たん"さば煮	170
	さば缶サンド	171
さばみそ煮缶	さば缶の食べみそ	172
	さば缶の冷や汁	173
	さば缶となすのみそ炒め	174
オイルサーディン	オイルサーディンのアヒージョ	176
	オイルサーディンのバタぽん焼き	178
	オイルサーディンのエスニック蒸し	179
	サーディンのオイルパスタ	180
	オイルサーディンのピザトースト	181
さけ水煮缶	さけ缶の"ごハン"バーグ	182
	さけ缶とだいこんのゆかりサラダ	184
	さけ缶のクリーミーディップ	185
	さけ缶の塩焼きそば	186
さけ中骨水煮缶	骨までおいしい さけ缶チャーハン	188
	さけ缶の春雨スープ	190
	★缶詰が余ったら…	191

Column	魚のおかずのかんたんつけあわせ	50
	粕漬けや西京漬けを上手に焼こう！	94

9

この本の表記について

計量の単位　カップ1＝200mℓ
　　　　　　　大さじ1＝15mℓ
　　　　　　　小さじ1＝5mℓ
　　　　　　　mℓ＝cc

電子レンジ　加熱時間は500Wのめやす時間です。
　　　　　　　600Wなら加熱時間を0.8倍、700Wなら加熱時間を0.7倍にしてください。

グリル　　　片面焼きグリルを使い、予熱の要・不要は取扱説明書に従います。
　　　　　　　両面グリルの場合は、途中で返す必要はありません。

だし　　　　けずりかつお(かつおぶし)でとっただしを使います。
　　　　　　　市販のだしの素を使う場合は、商品の表示を参考にして、水などでうすめてください。

スープの素　ビーフやチキンなど味はお好みで。
　　　　　　　商品によって風味や塩分が異なるので、味見をして調整しましょう。

カロリー・塩分　日本食品標準成分表(六訂)をもとに、ベターホームの見解を加えて計算しています。
　　　　　　　また、つけあわせのカロリーと塩分は含みません。

マークについて

切り身1切れで、2人分の料理が作れます。

切り身のおかず

さばかない・おろさない！ だから
こんな切り身を使います

生さけ

値段が手ごろで、よく使う魚No.1！
塩味がついた「塩さけ」も多く出回っています。

生さけを塩さけで代用できる？

塩さけには塩分が含まれるので、生さけのレシピで使うときは、調理の塩分をひかえめに。また、塩さけは、生さけより少し身がしまっているので、食感も変わります。

ぶり

師走にいちばんおいしいから「鰤」。
血合いにも栄養たっぷり。

血合い

成長につれて名前が変わる

関東では「わかし→いなだ→わらさ→ぶり」、関西では「つばす→はまち→めじろ→ぶり」などと呼び名が変わります。

さば

いたみやすいので鮮度に注意!
張りと透明感のあるものが◎。

皮のもようで見分けよう!

まさば

大西洋さば
(脂が多い)

ごまさば
(脂が少ない)

下ごしらえ Memo

切り身の中には、中骨や腹骨がついた状態で売られているものもあります。写真のように包丁でとることもできますが、難しければ骨がついたまま切って調理し、食べながら骨を除いてもかまいません。

★切り身★

白身魚

p.70〜93のレシピでは魚の種類を指定していますが、ほかの白身魚で代用してもかまいません。

＊この本では、身が白っぽく、淡泊な味わいの魚を「白身魚」としてまとめています。

たい
祝いごとに欠かせない、魚の王様！
高たんぱく・低脂肪と、栄養面でも優秀。

生たら
身がほぐれやすいから、
子どもやお年寄りも食べやすい。

銀だらは「たら」？
見た目も名前も似ているものの、銀だらとたらは別種。代用してもOKですが、銀だらのほうが脂肪が多く、味わいも変わります。

さわら

青魚に負けないくらい、DHAやEPAが豊富です。

「鰆」の旬は春じゃない!?

さわらは回遊魚なので、地域によって旬が異なります。「鰆」の字のように関西では春が旬ですが、関東では12〜2月が旬とされています。

※成分上は「赤身魚」と分類されることもあります。

かじき

切り身には骨や皮がなく、扱いやすさはピカイチ☆
魚がにが手な人にもおすすめ。

からすがれい

ふつうの「かれい」より安価でお財布にやさしい♪

皮をむいて売られることも。

切り身

さけの
パセリパン粉焼き

下味のマスタードで
パン粉もはがれにくく、一石二鳥。

[材料] 2人分

生さけ ………… 2切れ(160g)
　マスタード …………… 小さじ2
　こしょう ………………… 少々
Ⓐ　パン粉 ……… カップ1/4(10g)
　パセリのみじん切り … 小さじ2
オリーブ油 …………… 大さじ1/2

[作り方] 調理時間15分　1人分166kcal／塩分0.4g

1. さけは1切れを半分に切る。Ⓐは合わせる。
2. アルミホイルにオリーブ油少々(材料外)を塗り、さけ全部をのせる。さけの上面にマスタードを塗って、こしょうをふり、Ⓐをまぶす。オリーブ油をかける。
3. オーブントースターで、焼き色がつくまで8〜10分焼く(こげそうなときは、途中でアルミホイルをかぶせる)。

つけあわせ

ベビーリーフと
りんごのサラダ
(p.51)

切り身

さけ

さけの
ちゃんちゃんホイル焼き

さけ×きのこ×みそバターの
まちがいない組み合わせ！

［材料］2人分

生さけ ……… 2切れ（160g）
A ┌ 塩・こしょう ……… 各少々
　└ 酒 ……………… 小さじ1
B ┌ みそ ……… 大さじ1・1/2
　└ みりん ……… 大さじ1/2
しいたけ ……………… 2個
えのきだけ …… 1袋（100g）
バター ……………… 10g

［作り方］調理時間15分　1人分188kcal／塩分2.0g

1　さけはAをふる。

2　しいたけは薄切りにする。えのきは根元を落と
　　してほぐす。Bは合わせる。

3　アルミホイル2枚の中央にさけを1切れずつの
　　せ、Bを半量ずつ塗る。しいたけ、えのき、バ
　　ターを半量ずつのせて、ホイルを上でとじる。
　　グリルの強火で、さけに火が通るまで8〜10分
　　焼く。

切り身 さけ

さけのとろ〜りフラン

チーズをたっぷりのせて、
洋風の茶碗蒸しに仕上げます。

[材料] 2人分

生さけ ………… 2切れ(160g)
　塩・こしょう ……… 各少々
グリーンアスパラガス …… 4本
卵 …………………… 2個
A {
　マヨネーズ ……… 大さじ2
　牛乳 …………… 160mℓ
}
ピザ用チーズ ………… 40g

[作り方] 調理時間20分　1人分405kcal／塩分1.4g

1　アスパラガスは根元のかたい部分を落とし、3cm長さの斜め切りにする。さけは1切れを7、8つに切り、塩、こしょうをふる。

2　ボールに卵を割りほぐし、Aを順に加えて混ぜる。

3　耐熱皿2つに1、2を半量ずつ入れる。ラップをかけ、電子レンジで1つにつき約4分(500W。2つ同時なら6〜7分)、卵液が少し固まるまで加熱する。

4　チーズを半量ずつのせ、オーブントースター(またはグリルの強火)で、焼き色がつくまで3〜5分焼く。

かんたん

皿に材料を入れたら、あとはレンジとトースターの2段活用で。

切り身

さけの串焼き 居酒屋風

定番の焼きざけも、串に刺すだけで目先が変わります。
おつまみにもぴったり。

さけ

[材料] 2人分

生さけ	2切れ(160g)
塩	少々
ねぎ	1本
サラダ油	少々
ゆずこしょう	適量
竹串	4本

[作り方] 調理時間15分　1人分120kcal／塩分0.6g

1. ねぎは8等分に切る。さけは1切れを4つに切り、塩をふる。
2. 竹串にねぎ→さけ→ねぎ→さけの順に刺す。4本作る。
3. フライパンに油を温め、2の両面を強めの中火で焼き色がつくまで焼く。皿に盛り、ゆずこしょうを添える。

焼き長いも
(p.52)
★作り方3で一緒に焼くとよい。

さけと キャベツのソース炒め

野菜たっぷりだから、
さけ1切れでもボリューム満点。

[材料] 2人分

生さけ ……… 1切れ（80g）	ウスター（または中濃）ソース
かたくり粉 ……… 小さじ1	Ⓐ ……………………… 大さじ1
キャベツ ……………… 200g	しょうゆ ……………… 小さじ1
しめじ …… 1パック（100g）	黒こしょう ……………………… 少々
サラダ油 ……… 小さじ1・1/2	

[作り方] 調理時間15分　1人分126kcal／塩分1.2g

1　キャベツは4〜5cm角に切る。しめじは小房に分ける。

2　さけは7、8つに切り、かたくり粉をまぶす。Ⓐは合わせる。

3　フライパンに油小さじ1/2を温め、さけを中火で焼く。焼き色がついたら裏返し、火を弱めてふたをし、約2分焼く。とり出して、Ⓐ小さじ1をまぶす。

4　フライパンの汚れをペーパータオルでふき、油小さじ1を温める。キャベツ、しめじを入れ、強めの中火で炒める。しんなりしたら、残りのⒶを加えて混ぜる。さけと一緒に皿に盛り、黒こしょうをふる。

切り身

さけのエスニック炒め

エスニックの味つけが新鮮!
たけのこを加えて、食べごたえも充分。

さけ

〔材料〕2人分

生さけ	1切れ(80g)
ナンプラー	小さじ1/2
ゆでたけのこ	120g
香菜(シャンツァイ)	2枝(20g)
にんにく(薄切り)	1片(10g)
赤とうがらし(小口切り)	1本
サラダ油	小さじ1
ナンプラー	小さじ1

〔作り方〕調理時間15分　1人分101kcal／塩分0.9g

1　たけのこはひと口大に切る。香菜は葉少々を飾り用にとりおき、残りは4〜5cm長さに切る。

2　さけは7、8つに切り、ナンプラー小さじ1/2をふる。

3　フライパンに油とにんにく、赤とうがらしを入れ、弱火で炒める。香りが出たら、さけとたけのこを加え、中火で焼きつけるように炒める。

4　焼き色がついたら、香菜、ナンプラー小さじ1を加えて混ぜる。皿に盛り、とりおいた香菜の葉を飾る。

ナンプラーを下味にもフル活用します。

26

切り身

さけ

レンジde
さけのワイン蒸し

レンジで作るおしゃれな一品。
タルタルソースは、ピクルスの代わりにらっきょうで。

〔材料〕2人分

生さけ …… 2切れ(160g)
A｜ 塩 ………… 小さじ1/4
　｜ こしょう ………… 少々
たまねぎ … 1個(200g)
白ワイン …… 大さじ1

ゆで卵 ……………… 1個
らっきょう漬け …… 5個
B｜ らっきょう漬けの汁 … 大さじ1
　｜ マヨネーズ ……… 大さじ1
　｜ 粒マスタード ……… 小さじ1

〔作り方〕調理時間10分　1人分258kcal／塩分1.7g

1　たまねぎは6〜7mm厚さの輪切りまたは半月切りにする。ゆで卵、らっきょうはそれぞれ粗みじん切りにし、Bを合わせる。

2　耐熱皿にたまねぎを並べる。さけをのせてAをふり、全体にワインをかける。ラップをかけ、電子レンジで4〜5分(500W)加熱する。

3　ひとり分ずつ皿に盛り、Bをかける。

さけのトマト煮

トマト＋トマトジュースのダブル使いで、濃厚な味わいに。

［材料］2人分

生さけ	1切れ(80g)
塩・こしょう	各少々
トマト	小1個(150g)
セロリ	小1本(80g)
にんにく	1片(10g)
オリーブ油	大さじ1
Ⓐ トマトジュース(無塩)	200㎖
白ワイン	大さじ1

［作り方］調理時間15分　1人分155kcal／塩分1.2g

1. トマトは4等分のくし形に切る。セロリは5㎜厚さの斜め切りに、にんにくは薄切りにする。

2. さけは4つに切り、塩、こしょうをふる。

3. 深めのフライパンにオリーブ油とにんにくを入れ、弱火で炒める。香りが出たら、セロリを加えて中火で炒める。

4. セロリが透き通ってきたら、Ⓐとトマトを加える。煮立ったら、さけを加えて約6分煮る(途中でさけの上下を返す。ふたはしない)。塩・こしょう各少々(材料外)で味をととのえる。

切り身

さけ

さけと
ごぼうのウマウマ煮

ごぼうからも味が出て、
しみじみ"うまい"。

〔材料〕2人分

生さけ ………… 2切れ（160g）
Ⓐ 塩 ………………… 少々
　酒 ………………… 大さじ1
　かたくり粉 ……… 大さじ1/2
ごぼう ……………… 80g
ごま油 ……………… 小さじ1
Ⓑ 水 ………………… 100㎖
　砂糖・しょうゆ … 各大さじ1
　酒 ………………… 大さじ3

〔作り方〕調理時間20分　1人分180kcal／塩分1.4g

1　ごぼうは4〜5㎝長さに切って、4つ割りにする。
　　水にさらして水気をきる。

2　さけは1切れを3つに切り、Ⓐをふる。

3　鍋にごま油を温め、ごぼうを入れて中火で炒め
　　る。油がまわったら、Ⓑを加える。

4　さけの水気をペーパータオルでふき、かたくり
　　粉をまぶす。3が煮立ったところに加え、落と
　　しぶたをして、弱めの中火で10〜12分煮る。

切り身 / さけ

さけの
サクッとフリット

サクサク衣の秘密は、炭酸水にあり！
さめてもおいしいので、お弁当のおかずにも。

〔材料〕2人分

生さけ	1切れ(80g)
塩	少々
小麦粉	大さじ1/2
ブロッコリー	60g
小麦粉	30g
Ⓐ 炭酸水（無糖のもの 　　またはビール）	50mℓ
揚げ油	適量
マヨネーズ	大さじ1
Ⓑ トマトケチャップ	小さじ1

〔作り方〕調理時間15分　1人分218kcal／塩分0.6g

1　さけは6つに切って、塩をふり、約5分おく。ブロッコリーは6つの小房に分ける。

2　さけの水気をペーパータオルでふき、小麦粉大さじ1/2をまぶす。

3　ボールにⒶを合わせて軽く混ぜる。揚げ油を180℃に熱し、ブロッコリー、さけにⒶの衣をつけ、順に色よく揚げる。皿に盛り、Ⓑを合わせて添える。

切り身 ぶり

ぶりのしょうが照り焼き

しょうがを加えて、
いつもとはひと味違う"ぶり照り"に。

[材料] 2人分

ぶり	2切れ(160g)
しょうが	1かけ(10g)
Ⓐ しょうゆ・酒・みりん	各大さじ1
砂糖	小さじ1
小麦粉	大さじ1
ごま油	小さじ1

[作り方] 調理時間20分　1人分269kcal／塩分1.4g

1. しょうがはすりおろし、大きめのボールかトレーにⒶを合わせ、ぶりを約10分つける。
2. ぶりの汁気をペーパータオルでふき、小麦粉をまぶす。残ったⒶはとりおく。
3. フライパンにごま油を温め、ぶりを中火で焼く。焼き色がついたら裏返し、火を弱めてふたをし、3～4分焼く。
4. フライパンの脂をペーパータオルでふく。中火にし、とりおいたⒶを加えてからめる。皿に盛り、フライパンに残ったたれをかける。

つけあわせ

はくさいのナムル
(p.53)

野菜でおめかし
ぶりサラダ

2人で1切れ

ぶりが華やかなサラダに大変身!
魚料理のイメージが変わります。

[材料] 2人分

ぶり ………… 1切れ(80g)	ミニトマト ………… 6個
塩 ………… 小さじ1/4	フリルレタス ………… 60g
サラダ油 ………… 小さじ1	Ⓐ バルサミコ酢 …… 大さじ2
こしょう ………… 少々	しょうゆ …… 大さじ1/2

[作り方] 調理時間15分　1人分151kcal／塩分1.2g

1　ぶりは7、8つに切り、塩をふって約5分おく。

2　ミニトマトは半分に切る。レタスは手でちぎる。合わせて皿に盛る。

3　ぶりの水気をペーパータオルでふく。フライパンに油を温め、ぶりの両面を中火で2〜3分ずつ焼き、こしょうをふる。とり出して、2にのせる。

4　フライパンの脂をペーパータオルでふき、Ⓐを入れる。強めの中火にかけ、とろりとするまで煮つめる。3にかける。

切り身

スープで食べる
ぶりソテー

パサつきがちなぶりですが、
スープで食べればしっとり美味。

〔**材料**〕2人分

ぶり ……………… 1切れ(80g)
　塩・こしょう ……… 各少々
　小麦粉 …………… 小さじ1
小松菜 ………………… 120g
ごま油 …………… 小さじ1・1/2

水 ……………………… 300mℓ
　中華スープの素 … 小さじ1/2
Ⓐ しょうゆ ………… 小さじ1/2
　塩・こしょう ……… 各少々
レモン(薄切り) ………… 2枚

〔**作り方**〕調理時間15分　1人分148kcal／塩分1.1g

1　小松菜は4〜5cm長さに切る。ぶりは6つに切り、塩、こしょうをふって、小麦粉をまぶす。

2　深めのフライパンにごま油小さじ1/2を温め、ぶりの両面を中火で2〜3分ずつ焼く。とり出す。

3　フライパンの脂をペーパータオルでふき、ごま油小さじ1を温める。小松菜を入れて中火で軽く炒め、火を止める。分量の水を加えて火にかけ、煮立ったらⒶで調味する。

4　器に3を盛り、ぶり、レモンをのせる。

切り身

ぶりの
コチュジャン炒め

にんにくの芽を1束使いきり。
スタミナ満点のおかずです。

〔材料〕2人分

ぶり …………… 1切れ(80g)
A
　しょうが汁 ………… 小さじ1
　しょうゆ …………… 小さじ1
　黒こしょう …………… 少々
　かたくり粉 ………… 小さじ2

にんにくの芽 …… 1束(100g)
ごま油 ……………… 小さじ1
B
　コチュジャン …… 大さじ1/2
　酢・水 …………… 各大さじ1
　しょうゆ ………… 大さじ1/2
　砂糖 ……………… 小さじ1

〔作り方〕調理時間15分　1人分181kcal／塩分1.2g

1　ぶりは6つに切り、Aをふって約5分おく。にんにくの芽は4〜5cm長さに切る。Bは合わせる。

2　フライパンにごま油小さじ1/2を温め、にんにくの芽を入れて、中火で2〜3分炒める。とり出す。

3　ぶりの汁気をペーパータオルでふき、黒こしょうをふって、かたくり粉をまぶす。フライパンにごま油小さじ1/2をたし、ぶりの両面を中火で色よく焼く。余分な脂をペーパータオルでふき、にんにくの芽を戻し入れる。Bを加えて、1〜2分煮からめる。

切り身

ぶり

ぶりの酒蒸し みそ風味

フライパンで蒸し焼きにしたぶりを、
やさしいみそ風味の野菜とともに。

［材料］2人分

ぶり ……… 2切れ(160g)
　塩 ………… 小さじ1/4
Ⓐ　水 ………… 大さじ3
　酒 ………… 大さじ1/2
ゆでたけのこ ……… 50g
しいたけ ………… 4個
サラダ油 ……… 大さじ1/2

　砂糖 …………… 小さじ1
Ⓑ　みそ・みりん … 各大さじ1
　水 …………… 大さじ2
かいわれだいこん(あれば)
　………………… 10g

［作り方］調理時間15分　1人分286kcal ／塩分1.6g

1　ぶりは塩をふり、約5分おく。たけのこ、しい
　　たけは薄切りにする。かいわれは根元を落とす。
　　Ⓑは合わせる。

2　ぶりの水気をペーパータオルでふく。フライパ
　　んにぶりを入れ、Ⓐを加えて火にかける。煮立
　　ったらふたをして、中火で4〜5分蒸し焼きに
　　する。皿に盛る。

3　フライパンの脂をペーパータオルでふき、油を
　　温める。たけのこ、しいたけを入れ、中火で炒
　　める。しいたけがしんなりしたら火を止め、Ⓑ
　　を加える。弱火にかけ、約2分煮つめる。2に
　　かけ、かいわれをのせる。

44

切り身

ぶりのおろし煮

鍋に材料を合わせて煮るだけ！
だいこんおろしでさっぱりと食べます。

ぶり

[材料] 2人分

ぶり	2切れ (160g)
ねぎ	1本
しょうが	1かけ (10g)
だいこん	200g
A 水	100㎖
酒	大さじ2
しょうゆ・みりん	各大さじ1
オイスターソース	大さじ1/2
万能ねぎ	2本

[作り方] 調理時間15分　1人分244kcal／塩分1.6g

1 ねぎは4㎝長さ、万能ねぎは3㎝長さに切る。しょうがはせん切りにする。だいこんはすりおろし、ざるにとって自然に水気をきる。

2 鍋にAを合わせて煮立て、ぶりとねぎ、しょうがを加える。再び煮立ったらアクをとり、落としぶたをして、中火で約4分煮る。ふたをとり、だいこんおろしを加え、さらに約3分煮る。

3 器に汁ごと盛り、万能ねぎをのせる。

おいしい

一緒に煮るしょうがやねぎがくさみを消してくれます。

切り身

ぶり

ぶりの南蛮漬け

揚げ焼きだからかんたん。
ピリ辛味が食欲をそそります。

〔材料〕2人分

ぶり ······· 2切れ(160g)
　塩 ·········· 小さじ1/4
　小麦粉 ······· 大さじ1
サラダ油 ······· 大さじ3
パプリカ* ···· 1個(150g)
たまねぎ ···· 1/4個(50g)

赤とうがらし(小口切り)
　·················· 1/2本
Ⓐ 酢 ················ 大さじ2
　みりん ············· 大さじ2
　しょうゆ ··········· 大さじ1・1/2
*写真は、赤と黄色を半量ずつ使用。

〔作り方〕調理時間15分(おく時間は除く)
　　　　　1人分357kcal／塩分2.4g

1　ぶりは1切れを3、4つに切り、塩をふって約5
　　分おく。パプリカは4cm大の乱切りにする。た
　　まねぎは薄切りにする。

2　大きめのボールにⒶを合わせ、たまねぎをつけ
　　る。

3　フライパンに油小さじ1(材料外)を温め、パプ
　　リカを入れて、強めの中火でさっと炒める。2
　　につける。

4　ぶりの水気をペーパータオルでふき、小麦粉を
　　まぶす。フライパンに油を温め、ぶりの両面を
　　中火で2〜3分ずつ焼く。焼き色がついたらと
　　り出し、2につける。30分以上おく。

魚のおかずの
かんたんつけあわせ

ソテーや焼き魚だけではボリューム不足。かといって、
つけあわせを作るのに時間はかけたくない…。
そんなときにぴったりなレシピを紹介します。
＊材料はすべて2人分です。

混ぜるだけ

かぶの即席漬け

ボールに＜こぶ茶小さじ1/2、酢
小さじ1＞を合わせる。かぶ1個
（100g）は薄切りに、赤とうがらし
1/2本は小口切りにし、ボールに
加えてあえ、10分以上おく。

1人分11kcal／塩分0.3g

アボカドの
ヨーグルトあえ

ボールに＜プレーンヨーグルト
70g、マヨネーズ小さじ2、レモン
汁・はちみつ各小さじ1、塩・こ
しょう各少々＞を合わせる。アボ
カド1個は種と皮を除いて、1cm角
に切り、ボールに加えてあえる。

1人分173kcal／塩分0.3g

1人分11kcal／塩分0.2g

塩もみだいこん&きゅうり

だいこん100gときゅうり1/2本はそれぞれせん切りにする。合わせて塩小さじ1/6をふってもみ、約5分おく。水気をしぼる。

ベビーリーフとりんごのサラダ

りんご1/4個(80g)はよく洗い、皮つきのまま薄いいちょう切りにする。ボールに＜酢大さじ1/2、塩・こしょう各少々、オリーブ油大さじ1/2＞を合わせ、りんご、ベビーリーフ1袋(40g)を加えてあえる。

1人分56kcal／塩分0.3g

ついでに焼く

1人分 34kcal／塩分 0.1g

にんじんと
いんげんのソテー

にんじん60gは、5mm厚さの輪切りまたは半月切りにする。さやいんげん50gは、長ければ半分に切る。フライパンにバター5gを溶かし、にんじん、いんげんを弱めの中火で約5分焼く。

<焼きいも>
長いも

長いも100gは皮をむき、1cm厚さの輪切りにする。フライパンにサラダ油少々を温め、長いもの両面を強めの中火で2〜3分ずつ焼く。

1人分 34kcal／塩分 0.0g

さつまいも

さつまいも100gはよく洗い、皮つきのまま4〜5cm長さの棒状に切る。水にさらして水気をきる。フライパンにごま油小さじ1/2を温め、さつまいもをさっと炒める。ふたをして弱火で5〜6分蒸し焼きにする（竹串を刺してスッと通ればOK）。

1人分 70kcal／塩分 0.0g

レンジでチン

1人分 14kcal ／塩分 0.9g

キャベツのマリネ

キャベツ100gは3mm幅の細切りにする。耐熱容器にキャベツと＜砂糖・塩各小さじ1/3、黒こしょう少々＞を入れて混ぜ、ラップをかけて、電子レンジで約1分30秒(500W)加熱する。レモン汁小さじ2を加えて混ぜる。

1人分 32kcal ／塩分 0.5g

にらのラー油あえ

にら1束(100g)は3〜4cm長さに切る。耐熱容器に入れてラップをかけ、電子レンジで約1分(500W)加熱する。水気が出たらきり、＜しょうゆ・みりん各小さじ1、ごま油小さじ1/2、ラー油少々＞を加えて混ぜる。

はくさいのナムル

はくさい200gは、長さを3等分に切り、縦に1cm幅に切る。耐熱容器に入れてラップをかけ、電子レンジで約4分(500W)加熱する。さめたら水気を軽くしぼり、＜すりごま(白)大さじ1、ごま油小さじ1、塩少々＞であえる。

1人分 47kcal ／塩分 0.3g

切り身

ごま香る
さばの和風ソテー

仕上げにごま入りのたれをからめるだけ。
ごまの香りと食感を楽しんで。

さば

[材料] 2人分

さば ………………… 2切れ（160g）
サラダ油 ………………… 小さじ1
Ⓐ いりごま* ………………… 大さじ2
　 酒 ………………… 大さじ1
　 しょうゆ・みりん …… 各大さじ1/2
＊写真は、白と黒を半量ずつまぜて使用。

[作り方] 調理時間10分　1人分229kcal／塩分1.0g

1　さばは1切れを4つに切る。Ⓐは合わせる。
2　フライパンに油を温め、さばの両面を中火で2〜3分ずつ焼く。
3　火を止め、フライパンの脂をペーパータオルでふく。フライパンのあら熱がとれたら、Ⓐを加える（熱いうちに加えると、ごまがはねるので注意）。強めの中火にし、ごまをからめる。

つけあわせ

塩もみだいこん＆
きゅうり(p.51)

切り身 / さば

ミルクさばの ふっくらムニエル

皮はカリッと、中はふんわり。
くさみもなくてトレビアン！

[材料] 2人分

さば	2切れ（160g）
牛乳	80㎖
Ⓐ 塩	小さじ1/4
Ⓐ こしょう	少々
小麦粉	大さじ1
バター	10g
レモン汁	小さじ1

[作り方] 調理時間20分　1人分217kcal／塩分1.1g

1. 大きめのボールかトレーに牛乳を入れ、さばを約10分つける。
2. さばの汁気をペーパータオルでふく。Ⓐをふって、小麦粉をまぶす。
3. フライパンにバターを溶かし、さばの皮側を下にして入れ、中火で約3分焼く。焼き色がついたら裏返し、弱火にしてさらに約3分焼く。
4. 皿に盛り、レモン汁をかける。

にんじんといんげんのソテー(p.52)
★作り方3の前に焼くとよい。

切り身

さば

さばの甘酢炒め

ケチャップ＆ぽん酢しょうゆで、
酢豚風の味つけに。

〔材料〕2人分

さば ……………… 2切れ（160g）
　塩 …………………………… 少々
ピーマン ………………………… 2個
たまねぎ ………… 1/2個（100g）
サラダ油 …………………… 小さじ1
　砂糖 ………………… 大さじ1/2
　トマトケチャップ … 大さじ1・1/2
Ⓐ ぽん酢しょうゆ …… 大さじ1・1/2
　水 ……………………… 大さじ1
　かたくり粉 ………… 小さじ1/2

〔作り方〕調理時間15分　1人分238kcal／塩分2.0g

1　さばは1切れを4、5つに切り、塩をふって約5分おく。
　　ピーマン、たまねぎは3cm角に切る。Ⓐは合わせる。

2　フライパンに油を温め、ピーマン、たまねぎを入れて、
　　中火で炒める。たまねぎがしんなりしたら、とり出す。

3　さばの水気をペーパータオルでふく。フライパンに
　　さばを入れ、両面を色よく焼く。2を戻し入れ、Ⓐを
　　再度混ぜてから加え、全体にからめる。とろみがつ
　　いたら火を止める。

切り身　さば

さばの
オイスターソース炒め

さばにまぶしたにんにくが、
くさみ消しにひと役買います。

[材料] 2人分

さば	………………	1切れ(80g)
Ⓐ にんにく	………………	小1片(5g)
かたくり粉	………………	大さじ1/2
チンゲンサイ	………………	200g
サラダ油	………………	小さじ1
Ⓑ オイスターソース・酒	…	各大さじ1
しょうゆ	………………	小さじ1
黒こしょう	………………	少々

[作り方] 調理時間15分　1人分132kcal／塩分1.7g

1　チンゲンサイは5～6cm長さに切る。耐熱皿にのせ、ラップをかけて、電子レンジで3～4分(500W)加熱する。さめたら水気をしぼる。

2　にんにくはすりおろす。さばは6つに切り、Ⓐを順にまぶす。Ⓑは合わせる。

3　フライパンに油を温め、さばの両面を中火で色よく焼く。チンゲンサイ、Ⓑを加えてからめる。皿に盛り、黒こしょうをふる。

切り身

さば

レンジde
さばonとうふ

温どうふにさばをon！
意外な組み合わせが◎。

[材料] 2人分

さば	1切れ(80g)
塩	小さじ1/8
かたくり粉	小さじ1
とうふ(もめん)	1/2丁(150g)
梅干し	1個(20g)
しょうが(せん切り)	小1かけ(5g)

酒	大さじ1/2
Ⓐ しょうゆ	小さじ1
みりん	小さじ1
しその葉(細切り)	2枚

[作り方] 調理時間10分　1人分154kcal／塩分2.7g

1　さばは半分に切り、塩をふって約5分おく。

2　とうふは横半分に切る。梅干しは種を除き、果肉を包丁でたたく。Ⓐは合わせる。

3　さばの水気をペーパータオルでふき、かたくり粉を皮側につける。耐熱皿にとうふを入れ、さば(皮側を下)→梅干し→しょうがの順にのせ、Ⓐをかける。ラップをふんわりとかけて、電子レンジで3〜4分(500W)加熱する。

4　しそは水にさらして水気をきる。3をひとり分ずつ皿に盛り、しそをのせる。

切り身

湯上がりさばの
ラビゴットソース

さばの余分な脂が抜けてヘルシー。
サラダ感覚で食べられます。

さば

[材料] 2人分

A:
- さば ………… 2切れ（160g）
- レモン（薄切り） …… 1枚
- 水 ………………… 200mℓ
- 白ワイン ………… 大さじ2

B:
- 紫たまねぎ ………… 30g
- セロリ ……………… 30g
- レモン（薄切り） …… 2枚
- 酢 ………… 大さじ1・1/2
- 塩・こしょう ……… 各少々
- サラダ油 ………… 大さじ1

[作り方] 調理時間15分（さます時間は除く）
1人分235kcal／塩分0.6g

1 さばは1切れを半分に切る。鍋にAを合わせて煮立て、さばを入れて弱めの中火で約10分ゆでる（時々アクをとる）。そのままさます。

2 紫たまねぎ、セロリ、レモンの薄切り2枚は、それぞれ5mm角に切る。

3 ボールにBを合わせ、さばの水気をきって加える（すぐに食べられるが、時間をおくと味がなじんでよりおいしい）。

おいしい

さばはゆでると身が
ぷりぷりに。くさみ
もとれます。

切り身

さば

さばのみそキムチ煮

"さばみそ"を韓国風にアレンジ。
野菜を加えて満足感もUP。

〔材料〕2人分

さば ………… 2切れ（160g）
大豆もやし …… 1/2袋（100g）
にら ………… 1/2束（50g）
はくさいキムチ ………… 50g
しょうが ……… 1かけ（10g）
みそ・酒 ……… 各大さじ1
A 砂糖・しょうゆ … 各小さじ1
水 ……………… 150ml

〔作り方〕調理時間15分　1人分217kcal／塩分2.0g

1 にらは5cm長さに、キムチはひと口大に切る。
しょうがは薄切りにする。

2 さばは1切れを半分に切る。

3 鍋にⒶを合わせてよく混ぜ、火にかける。煮立
ったら、さばと野菜、キムチを加えて、強めの
中火で5〜6分煮る（ふたはしない）。

切り身

さば

さばのカレー揚げ

さば＆カレーは相性抜群！
思わず箸が進みます。

〔材料〕2人分

さば …………… 2切れ（160g）
　しょうゆ …………… 小さじ1
　こしょう ……………… 少々
Ⓐ　かたくり粉 ……… 大さじ1
　カレー粉 ………… 小さじ1
ししとうがらし ………… 10本
揚げ油 ……………… 適量

〔作り方〕調理時間15分　1人分236kcal／塩分0.9g

1　さばは1切れを3つに切り、しょうゆをふって
　　約5分おく。Ⓐは合わせる。

2　ししとうは軸の先を落とし、縦に1本切り目を
　　入れる。揚げ油を170℃に熱し、ししとうをさ
　　っと揚げる。とり出して、塩少々（材料外）をふ
　　る。

3　さばの汁気をペーパータオルでふいて、こしょ
　　うをふり、Ⓐをまぶす。油の温度を180℃に上
　　げ、さばをカリッと揚げる。ししとうと一緒に
　　皿に盛る。

切り身 / 白身魚

たいのこぶ茶焼き

材料はたったの3つ。
いつもの焼き魚がワンランク上のおいしさに。

[材料] 2人分

たい ………… 2切れ（160g）
　酒 ………… 大さじ1/2
こぶ茶 ………… 大さじ1/2

[作り方] 調理時間10分　1人分158kcal／塩分0.8g

1　たいは酒をふり、グリルの強火で両面を2〜3分ずつ焼く。
2　火が通ったら、上面にこぶ茶をふる。さらに約1分、ところどころに焼き色がつくまで焼く。

つけあわせ

かぶの即席漬け
(p.50)

かんたん

仕上げにこぶ茶をふって、さっと焼き色をつけます。

切り身 / 白身魚

さわらのジョン

にら入りの衣でうま味をとじこめて。
お好みのたれでどうぞ。

[材料] 2人分

- さわら ………… 2切れ（160g）
  - 塩・こしょう ……… 各少々
  - 小麦粉 …………… 大さじ1
- Ⓐ とき卵 …………… 1個分
  - 小麦粉 ………… 大さじ1/2
  - にら …………………… 20g
- ごま油 ……………… 小さじ1

- Ⓑ コチュジャン …… 大さじ1/2
  - マヨネーズ ……… 小さじ1
- Ⓒ 酢・しょうゆ … 各大さじ1/2

[作り方] 調理時間15分　1人分250kcal／塩分1.4g

1 にらは5mm長さに切り、ボールにⒶを合わせる。

2 さわらは1切れを3つに切る（なるべく厚みをそろえる）。塩、こしょうをふって小麦粉大さじ1をまぶす。

3 フライパンにごま油を温める。さわらにⒶの衣をつけて入れ、両面を中火で色よく焼く。皿に盛り、Ⓑ、Ⓒをそれぞれ合わせて添える。

焼きさつまいも
(p.52)
★作り方3の前に焼くとよい。

切り身

白身魚

たらのトマトあんかけ

カリッと焼いたたらに、
トマト入りのあんがよくからみます。

［材料］2人分

生たら ……………… 2切れ(160g)
　酒 ………………… 大さじ1/2
　かたくり粉 ………… 大さじ1
サラダ油 …………… 小さじ1
トマト ……………… 1/2個(100g)
　だし ……………… 150mℓ
Ⓐ　みりん …………… 大さじ2
　しょうゆ ……… 大さじ1・1/2
　かたくり粉 ………… 小さじ1

［作り方］調理時間15分　1人分141kcal／塩分1.7g

1　たらは酒をふって約5分おく。トマトは1.5cm
　角に切る。

2　たらの水気をペーパータオルでふき、かたくり
　粉大さじ1をまぶす。深めのフライパンに油を
　温め、たらの両面を中火で色よく焼く。器に盛
　る。

3　フライパンの汚れをペーパータオルでふき、ト
　マト、Ⓐを入れてよく混ぜ、火にかける。煮立
　ったら弱めの中火にし、時々混ぜながら2〜3
　分煮る。とろみがついたら、2にかける。

74

切り身

かじきの
アンチョビ炒め

アンチョビの塩気とにんにくの風味を効かせます。
ワインに合う一品。

［材料］2人分

白身魚

かじき	1切れ(80g)
れんこん	70g
まいたけ	1パック(100g)
オリーブ(黒・種なし)	3個
アンチョビ	小2枚(8g)
にんにく	小1片(5g)
オリーブ油	大さじ1/2
黒こしょう	少々

［作り方］調理時間15分　1人分130kcal／塩分0.8g

1. れんこんは5mm厚さの半月切りまたはいちょう切りにする。まいたけは小房に分ける。
2. オリーブは半分に切る。にんにく、アンチョビはみじん切りにする。かじきは6つに切る。
3. フライパンにオリーブ油とにんにくを入れ、弱火で炒める。香りが出たら、かじきを加えて中火で焼きつける。
4. かじきの色が変わったら、1を加えて炒める。まいたけがしんなりしたら、オリーブ、アンチョビ、黒こしょうを加えて混ぜる。

たらと じゃがいもの卵とじ

干しだらを使ったポルトガル料理を、
作りやすくアレンジしました。

［材料］2人分

- 生たら……1切れ(80g)
- A
  - 塩・こしょう……各少々
  - 白ワイン……大さじ1/2
- じゃがいも……1個(150g)
- たまねぎ……1/2個(100g)
- にんにく……小1片(5g)
- オリーブ油……大さじ1
- B
  - 塩……小さじ1/3
  - こしょう……少々
- 卵……2個
- 香菜(シャンツァイ)(葉の部分・ざく切り)……少々

［作り方］調理時間15分　1人分241kcal／塩分1.4g

1. じゃがいもは皮をむいて、4cm長さの細切りにし、水にさらして水気をきる。たまねぎは薄切りにする。にんにくはすりおろす。
2. たらは1cm幅に切り、Aをふる。卵はときほぐす。
3. フライパンにオリーブ油とにんにくを入れ、弱火で炒める。香りが出たら、じゃがいも、たまねぎを加えて中火で炒める。
4. いもが透き通ってきたら端に寄せ、たらを加えて1〜2分炒める。全体を軽く混ぜ、Bで味をととのえる。卵を回し入れてざっと混ぜる。皿に盛り、香菜を散らす。

切り身

白身魚

カレーdeかれい

かれいとカレー。
名前が似ているだけでなく、味の相性もいいんです。

〔材料〕2人分

からすがれい …… 2切れ(160g)
　こしょう ………………… 少々
Ⓐ　カレー粉 ………… 小さじ2/3
　しょうゆ …………… 小さじ1
キャベツ ………………… 80g
スナップえんどう ………… 4個

〔作り方〕調理時間10分　1人分165kcal／塩分0.6g

1　キャベツは4㎝大に切る。スナップえんどうは
　筋をとり、斜め半分に切る。かれいは1切れを
　半分に切る。Ⓐは合わせる。

2　耐熱皿にキャベツ、スナップえんどうを広げる。
　かれいをのせ、こしょうをふってⒶを塗る。ラ
　ップをふんわりとかけ、電子レンジで3〜4分
　(500W)加熱する。

切り身

白身魚

レンジde
たいの中華蒸し

魚もたれもレンジ加熱。
上等な一品が手軽に作れます。

〔材料〕2人分

たい ……………… 2切れ(160g)
Ⓐ 塩 …………………………… 少々
　 酒 ………………………… 大さじ1
ねぎ(緑の部分も含む) … 35cm
しょうが ………………… 1かけ(10g)

砂糖 ………………… 大さじ1/2
Ⓑ 水・酒・しょうゆ … 各大さじ1
　 中華スープの素 … 小さじ1/2
　 ごま油 …………… 大さじ1/2
香菜 ……………… 2枝(20g)

〔作り方〕調理時間15分　1人分212kcal／塩分2.0g

1 ねぎ10cm(緑の部分)は斜め薄切りにする。残り
　 は4〜5cm長さに切り、芯を除いて細切りにし、
　 水にさらして水気をきる(白髪ねぎ)。しょうが
　 は薄切りにする。香菜は4〜5cm長さに切る。

2 耐熱皿にたいを並べ、Ⓐをふる。ねぎ(斜め薄
　 切り、芯)としょうがをのせ、ラップをかけて、
　 電子レンジで約3分(500W)加熱する。ねぎとし
　 ょうがを除き、皿に盛る。

3 耐熱容器にⒷを合わせ、電子レンジで約1分加
　 熱する(ラップはしない)。2にⒷをかけ、白髪
　 ねぎと香菜を飾る。

切り身

白身魚

さわらと
きざみこんぶの煮もの

きざみこんぶと一緒に煮て、
うま味もボリュームもUP。

〔材料〕2人分

さわら ………… 2切れ（160g）
きざみこんぶ（乾燥）……… 10g
しょうが ………… 1かけ（10g）
Ⓐ 水・酒 ………… 各50㎖
砂糖 ………… 大さじ1
しょうゆ ………… 大さじ1

〔作り方〕調理時間20分　1人分184kcal／塩分1.9g

1　きざみこんぶはたっぷりの水に約10分つけて
　　もどし、食べやすく切る。しょうがはせん切り
　　にする。さわらは1切れを半分に切る。

2　鍋にⒶを合わせて煮立て、1を加える。落とし
　　ぶたをして、中火で3〜4分煮る。

たらの やさしいクリーム煮

体の中から温まります。
野菜がたくさんとれてうれしい。

[材料] 2人分

生たら ………… 1切れ(80g)	バター ………… 25g
塩・こしょう ……… 各少々	小麦粉 ………… 大さじ1
小麦粉 ………… 大さじ1/2	Ⓐ 牛乳 ………… 200ml
はくさい ………… 200g	スープの素 …… 小さじ1
にんじん ………… 50g	

[作り方] 調理時間20分　1人分242kcal／塩分2.1g

1　はくさいは4～5cm角に切る。にんじんは4cm長さのたんざく切りにする。

2　たらは6つに切り、塩、こしょうをふって、小麦粉大さじ1/2をまぶす。深めのフライパンにバター5gを溶かし、たらの両面を中火で色よく焼く。とり出す。

3　フライパンに残りのバターを溶かし、はくさい、にんじんを入れて炒める。しんなりしたら弱火にし、小麦粉大さじ1を加えて軽く炒める。Ⓐを加え、混ぜながら約3分煮る(ふたはしない)。

4　たらを戻し入れ、さらに約2分煮る。塩・こしょう各少々(材料外)で味をととのえる。

切り身

たいのちり鍋

さっと作れるかんたん鍋もの。
〆にごはんやうどんを入れても。

白身魚

［材料］2人分

たい	1切れ(80g)
酒	大さじ1/2
水菜	100g
しめじ	1パック(100g)
こんぶ	5cm
水	400ml
ぽん酢しょうゆ・ゆずこしょう	各適量

［作り方］調理時間10分（こんぶをつける時間は除く）
　　　　　1人分114kcal／塩分2.1g

1　土鍋に分量の水とこんぶを入れ、約30分つけておく。

2　水菜は5cm長さに切る。しめじは根元を落としてほぐす。たいは4つに切って酒をふる。

3　1の鍋を弱火にかけ、沸騰直前にこんぶをとり出す。煮立ったら、2を入れて中火にし、ふたをして5〜6分煮る。ぽん酢しょうゆやゆずこしょうで食べる。

切り身 / 白身魚

かれいの
ベトナム風から揚げ

スティック状にして揚げたかれいを、葉野菜で包みます。
ふだんと違う食べ方がおもしろい！

[材料] 2人分

からすがれい……2切れ(160g)	しょうが……小1かけ(5g)
塩・こしょう………各少々	赤とうがらし…………少々
小麦粉………………大さじ1	Ⓐ 湯……………………大さじ3
揚げ油……………………適量	レモン汁……………大さじ1
リーフレタス………………3枚	ナンプラー…………大さじ1
しその葉……………………6枚	砂糖…………………小さじ2

[作り方] 調理時間15分　1人分220kcal／塩分1.9g

1. レタスは1枚を半分にちぎる。しょうが、赤とうがらしはみじん切りにし、Ⓐを合わせる。
2. かれいは1切れを横に3つに切る。水気をペーパータオルでふき、塩、こしょうをふって、小麦粉をまぶす。
3. 揚げ油を180℃に熱し、かれいを色よく揚げる。レタス、しそと一緒に皿に盛る。
4. かれいを葉野菜で巻き、Ⓐのたれをつけて食べる。

淡泊なかれいに、ピリ辛だれがよく合います。

切り身

和製フィッシュ＆
チップス

青のりの風味が◎。
パリパリのごぼうチップスを添えて。

白身魚

[材料] 2人分

かじき ………… 1切れ(80g)
　塩 …………… 小さじ1/6
A
　とき卵 ………… 1/2個分
　水 …………… 30㎖
　小麦粉 ………… 30g
　青のり ………… 小さじ1
ごぼう ………… 1/3本(70g)
揚げ油 ………… 適量

[作り方] 調理時間15分　1人分238kcal／塩分0.6g

1　ごぼうは皮をこそげ、皮むき器で縦に薄くけずる。水にさらして、水気をしっかりきる。かじきは6つに切り、塩をふる。ボールにAを合わせる。

2　揚げ油を180℃に熱し、ごぼうをカリッと揚げ、とり出す。

3　続いて、かじきにAの衣をつけ、色よく揚げる。ごぼうと一緒に皿に盛る。

粕漬けや西京漬けを上手に焼こう!

忙しいときは、下味がついている市販の
粕漬けや西京漬けを利用しても。
こがさず、上手に焼くコツをおさえましょう!

粕漬け・西京漬けって?

粕漬けは粕床に、西京漬けは白みそ床に、それぞれ漬けたもの。
さけやたら、さわら、きんめだい、ぶりなどが多い。
粕やみそに漬けた状態で、冷蔵で約1週間、冷凍で1～2か月保存可能。

焼く前の下準備

粕やみそがたくさん残っているとこげやすい。焼く前に、ペーパータオルで軽くふきとる。

さあ、焼いてみよう!

グリルを使わなくても、
トースターやフライパンで手軽に焼けます。

オーブントースターの場合

よくもんでクシャクシャにしたアルミホイルに、魚を皮側を上にしてのせ、10分ほど焼く（途中で上下を返す）。

 魚がホイルにくっつかないよう、クシャクシャにしておきます。

フライパンの場合

フライパン専用のホイルシートかクッキングシートを敷き、魚を皮側を下にしてのせ、弱～中火で6分ほど焼く（途中で上下を返す）。

 弱めの火加減でじっくり焼くのが、こがさないコツです。

\ できあがり /

皮と身に焼き色がつけばOK。
温かいうちにどうぞ！

切り身が余ったら…

冷蔵保存 ◎

塩や酒をふって下味をつけ、ペーパータオルでくるみ、ラップをかける。翌日中に食べきる。

冷凍保存 ◎

塩や酒をふって下味をつけ、ラップで包んで、保存袋に入れる。2〜3週間保存可能。
冷蔵庫か氷水で解凍。凍ったまま加熱調理もできる。

下ごしらえしてから冷凍すると便利！

たとえばp.58のレシピなら、さばを切って塩をふった状態で、保存袋に入れて冷凍しておきます。調理するときは、凍ったままか半解凍にして、フライパンに油を入れたらすぐにさばを入れます。中まで火が通る前に表面がこげてしまわないよう、火加減は弱めにして炒めます。

刺身のおかず

★刺身★

さばかない・おろさない！ だから
こんな刺身を使います

まぐろ

刺身の大定番！
筋目が平行に近いものが◎。

サーモン

すしネタでも人気のサーモン。
サラダやマリネなど幅広く使えます。

たい

高価なたいも、少量パックなら
求めやすい♪
ピンクの鮮やかなものが新鮮です。

刺身盛り合わせ

ちょっとずつ、いろんな刺身を味わえるのがいいところ。

さく

切ってある刺身より、実はおトク。
さっと焼いて、ステーキ風にも楽しめます。

まぐろ

サーモン

かつお

下ごしらえ Memo

かたく凍っている「さく」は、ぬるま湯でさっと洗い、水気をよくふきます。ペーパータオルで包み、ラップをかけた状態で、冷蔵庫で解凍しましょう。ドリップが出にくく、短時間で解凍できます。

刺身

まぐろの生春巻き

たっぷりの野菜と一緒に、
パクッと食べられます。

[材料] 2人分

まぐろ

まぐろ（刺身）	8切れ
きゅうり	1/2本
サニーレタス	4枚
しその葉	4枚
ライスペーパー	4枚
スイートチリソース	適量

[作り方] 調理時間15分　1人分192kcal／塩分1.0g

1　きゅうりは縦4つ割りにする。

2　まな板の上に、水でぬらしてかたくしぼったふきんをのせる。ライスペーパーをぬるま湯にさっとくぐらせ、ふきんの上に広げる。やや手前にしそ、レタスを順に重ね、きゅうりとまぐろ2切れをのせる。手前からひと巻きして、左右を折りこみ、最後まで巻く。4本作る。

3　食べやすく切って皿に盛り、スイートチリソースを添える。

かんたん

ペーパーをぬらしたら、すぐに具をのせて巻くのがコツ。

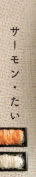

サーモン・たい

サーモンのカルパッチョ

たっぷりの粉チーズときざんだピーマンが、味の決め手。

[材料] 2人分

サーモン(刺身) ……1パック(約10切れ)
たまねぎ ……………… 60g
ピーマン ……………… 1個
粉チーズ ……………… 15g
黒こしょう …………… 少々
Ⓐ しょうゆ・酢 … 各大さじ1
　サラダ油 … 大さじ1・1/2

[作り方] 調理時間10分　1人分237kcal／塩分1.3g

1. たまねぎは薄切りにし、水にさらして水気をきる(飾り用に少しとりおく)。ピーマンは5mm角に切る。Ⓐは合わせる。
2. 皿に、たまねぎ→粉チーズの半量→サーモンの順に広げて重ね、飾り用のたまねぎをのせる。ピーマンと残りの粉チーズを散らし、黒こしょうをふる。Ⓐをかけて食べる。

たいの
ねばねば塩こんぶあえ

あっさり味のたいに、塩こんぶでうま味をプラス。

〔材料〕2人分

たい（刺身）	Ⓐ 塩こんぶ ………… 10g
……1パック（約10切れ）	Ⓐ オリーブ油 …… 大さじ1
長いも ………… 100g	万能ねぎ ………… 1本

〔作り方〕調理時間10分　1人分193kcal／塩分1.0g

1　長いもは皮をむき、ポリ袋に入れてめん棒などで粗くたたく。万能ねぎは小口切りにする。塩こんぶはみじん切りにする。

2　ボールに長いも、たいを入れ、Ⓐを加えてあえる。皿に盛り、万能ねぎを散らす。

刺身

刺身のセビーチェ

南米発祥のマリネ。グレープフルーツジュースを使ってさわやかに。

〔材料〕2人分

刺身の盛り合わせ(サーモン、ほたてなど)……1パック(約12切れ)	グレープフルーツジュース……大さじ2
紫たまねぎ(薄切り)……100g	酢……大さじ1
セロリ(斜め薄切り)……50g	Ⓐ 塩……小さじ1/8
香菜(シャンツァイ)……1枝(10g)	にんにくのすりおろし……小さじ1/2
	砂糖・赤とうがらし……各少々

盛り合わせ

〔作り方〕調理時間10分(冷やす時間は除く)
1人分138kcal／塩分0.6g

1. 紫たまねぎとセロリはボールに入れ、塩少々(材料外)をふって約5分おく。水気を軽くしぼる。
2. 香菜の茎はみじん切りにし、葉はとりおく。別のボールにⒶを合わせ、香菜の茎を加えて混ぜる。刺身、1、Ⓐはそれぞれ冷蔵庫で冷やしておく。
3. 食べる直前に、Ⓐに刺身、1を加えてあえる。皿に盛り、香菜の葉を飾る。

中華風刺身

豪華な見た目で、おもてなしにぴったり。

[材料] 2人分

刺身の盛り合わせ（まぐろ、たいなど）
.... 1パック（約12切れ）
だいこん*.................... 120g
ブロッコリースプラウト ... 1パック（40g）
ピーナッツ 15g

A ぽん酢しょうゆ ... 大さじ1・1/2
  ラー油 .... 適量

*刺身のパックについているものを使っても。

[作り方] 調理時間10分　1人分158kcal／塩分1.3g

1　だいこんは5cm長さのせん切りにする。スプラウトは根元を落とす。合わせて水にさらし、水気をきる。
2　ピーナッツは粗くきざむ。
3　皿に1を敷き（飾り用に少しとりおく）、刺身を並べる。上に飾り用の1をのせ、ピーナッツを散らす。Aを合わせてかける。

刺身

かつおとなすの
焼きびたし

かたくり粉をまぶして焼くと、たれがよくからみます。
油焼きしたなすと相性抜群！

かつお（さく）

〔材料〕2人分

かつお（刺身用さく）……… 100g		めんつゆ（3倍濃縮）
かたくり粉 …………… 大さじ1	Ⓐ	…………………… 大さじ1
なす …………… 大1個（100g）		水 ……………… 大さじ1
サラダ油 ……… 大さじ1・1/2		みょうが（せん切り）………… 1個
		しょうが（すりおろす）
		……………… 1かけ（10g）

〔作り方〕調理時間15分　1人分184kcal／塩分0.9g

1　なすは3〜4cm大の乱切りにする。

2　フライパンに油大さじ1を温め、なすを中火でこ
　ろがしながら焼く。焼き色がついたら、とり出す。

3　かつおの水気をペーパータオルでふき、かたくり
　粉をまぶす。フライパンに油大さじ1/2をたし、
　かつおの全面を強めの中火で20〜30秒ずつ焼く
　（中まで火を通さない）。1cm幅に切る。

4　皿にかつおとなすを盛り、Ⓐを合わせてかける。
　みょうがとしょうがをのせる。

刺身 かつお・サーモン（さく）

かつおのからし酢みそ

ごはんはもちろん、お酒も進む一品。

〔材料〕2人分

かつお（刺身用さく） … 100g
A ┃ みそ …………… 大さじ1
  ┃ 砂糖・酢 …… 各小さじ1
  ┃ 練りがらし … 小さじ1/3
きゅうり …………………… 1本
塩 ………………… ひとつまみ
ごま油 …………… 小さじ1
しょうが（せん切り）… 1かけ（10g）

〔作り方〕調理時間15分　1人分108kcal／塩分1.2g

1. きゅうりは皮むき器で縦に薄くけずる。長さを半分に切り、塩をふって約5分おく。水気を軽くしぼり、ごま油をまぶす。
2. かつおは2cm角の棒状に切り、熱湯にさっとくぐらせる（中まで火を通さない）。表面が白くなったら、すぐに氷水にとる。さめたら、ペーパータオルで水気をふき、2cm角に切る。
3. ボールにAを合わせ、かつおを加えてあえる。皿にきゅうりとかつおを盛り、しょうがをのせる。

おとなのサーモンソテー

こしょうがピリッと、わさびがほんのり。おとなの味わい。

〔材料〕2人分

サーモン（刺身用さく）… 150g
A
- 塩 ………………… 小さじ1/3
- 白ワイン ………… 大さじ1
- オリーブ油 …… 大さじ1/2

練りわさび ……… 小さじ1
粗びき黒こしょう …… 大さじ1
レモン（くし形切り）… 2切れ

〔作り方〕調理時間20分　1人分232kcal／塩分1.2g

1. サーモンはペーパータオルで水気をふく。Aを順にまぶして、約10分おく。
2. サーモンの両面にわさびを塗って、黒こしょうをふる。フライパンを強めの中火で温め、サーモンの両面を20〜30秒ずつ焼く（中まで火を通さない）。1.5cm幅に切って皿に盛り、レモンを添える。

つけあわせ

アボカドの
ヨーグルトあえ
(p.50)

刺身

まぐろのソテー
フレッシュトマトソース

さっと焼いたまぐろを、トマトとバジルでさっぱりおしゃれに。

まぐろ（さく）

［材料］2人分

まぐろ（刺身用さく） …… 150g	トマト ……… 1/2個（100g）
塩・こしょう ……… 各少々	塩 ……………… 小さじ1/3
オリーブ油 ………… 小さじ1	Ⓐ レモン汁 ………… 小さじ1
バジル ………………… 2枝	こしょう ……………… 少々
	オリーブ油 … 大さじ1・1/2

［作り方］調理時間15分　1人分186kcal／塩分0.9g

1. トマトは1cm角に切り、Ⓐを合わせる。まぐろはペーパータオルで水気をふき、塩・こしょう各少々をふる。
2. フライパンにオリーブ油小さじ1を温め、まぐろの両面を強めの中火で20〜30秒ずつ焼く（中まで火を通さない）。
3. 1cm幅に切って、皿に盛る。Ⓐをかけ、バジルの葉を散らす。

あぶりまぐろのごま風味漬け

たっぷりのごまとごま油で香りよく。丼にしてもおいしい。

〔材料〕2人分

まぐろ（刺身用さく）……150g	酢………………大さじ1/2
サラダ油…………小さじ1/2	しょうゆ………大さじ1/2
ねぎ………………15cm	A 塩………………少々
すりごま（白）………大さじ1	ごま油…………大さじ1/2

〔作り方〕調理時間15分　1人分153kcal／塩分0.9g

1. フライパンにサラダ油を温め、まぐろの両面を強めの中火で20〜30秒ずつ焼き（中まで火を通さない）、すぐに氷水にとる。さめたら水気をきって、1cm幅に切る。
2. ねぎは長さを3等分に切って、芯を除いて細切りにし、水にさらして水気をきる（白髪ねぎ）。芯はみじん切りにする。
3. ボールに A、ねぎの芯を合わせ、まぐろを約5分つける。
4. 皿に 3 をたれごと盛り、ごまをふって白髪ねぎをのせる。

刺身が余ったら…

冷蔵保存 ◎

しょうゆとみりんを2:1の割合で混ぜ、「づけ」にする。翌日中に食べきる。

冷凍保存 △

- まぐろはほとんどが解凍品なので、再冷凍はNG。
- 生の刺身は冷凍できるが、解凍しても生食には向かない。

 ### 余った「つま」でチヂミを作ろう

刺身パックについている、だいこんとしその葉。余ったら、おいしくアレンジしてみましょう!

[材料] 1枚分
だいこんのせん切り50〜80g、しその葉2枚、
Ⓐ[桜えび(乾燥)大さじ2、かたくり粉大さじ1、小麦粉・水各大さじ3]、ごま油小さじ1

[作り方] 1枚分199kcal／塩分1.1g

1. だいこんのせん切りは洗い、水気をしぼってざく切りに、しそは粗みじん切りにする。
2. ボールに1、Ⓐを入れてよく混ぜる。
3. フライパンにごま油を温め、2を広げる。ふたをして、中火で5〜6分焼く(途中で上下を返す)。
4. 食べやすく切って皿に盛り、しょうゆ・練りがらし各適量(材料外)を添える。

シーフードのおかず

さばかない・おろさない！ だから
こんなシーフードを使います

むきえび

色鮮やかで、華のある存在。
塩水につけて冷凍したものも
あるので、料理の塩加減には注意。

背わた（背中の黒い筋）
が残っていたら、竹串です
くいとって。

くさみが気になるときは？

塩水（水200mlに塩小さじ1の割合）
で洗うか、塩とかたくり粉（むきえ
び200gに対し、塩少々とかたくり粉
大さじ1がめやす）をもみこみ、水で
すすぐのがおすすめです。

ゆでだこ

独特の歯ごたえとうま味が◎。
かたくなるので、加熱はさっと
短時間に。

ロールいか

肉厚のいかをさばいて丸め、冷凍したもの。
下処理いらずで、
加熱してもやわらかいのがうれしい！

ほたて

ちょっと贅沢な生食用の貝柱から、おトクなベビーほたてまで。
料理に合わせて使い分けを。

ほたて貝柱　　ボイルほたて（大）　　（小・ベビーほたて）

シーフードミックス

これひとつあれば、
いろいろな魚介が手軽に楽しめます。

下ごしらえMemo

シーフードは、冷凍で売られていることも多いもの。冷蔵庫解凍か、急ぐときは氷水につけて解凍します。なお、シーフードミックスは、凍ったまま加熱調理するとくさみが出にくい。

シーフード

えびのざぶとんぎょうざ

ラクに包めて、見た目も◎。
ふんわり軽い食感で、いくつでも食べられそう！

［材料］2人分

むきえび ………… 12尾(100g)
A
├ 塩 ……………………… 少々
└ 酒 …………………… 大さじ1/2
はんぺん ………… 小1枚(70g)

B
├ 万能ねぎ(小口切り) …………… 6本
├ しょうが(みじん切り) … 1かけ(10g)
├ かたくり粉 ………………… 大さじ1
├ 酒 ………………………… 大さじ1/2
├ 塩 ………………………… ひとつまみ
└ ごま油 …………………… 小さじ1
ぎょうざの皮 ……………………… 12枚
ごま油 ……………………………… 小さじ1

［作り方］調理時間20分　1人分241kcal／塩分1.6g

1　えびはAをふる。

2　ボールにはんぺんを入れ、フォークなどでつぶす。Bを加えて練り混ぜる。12等分する。

3　ぎょうざの皮に2をのせ、えびをのせる。皮のまわりに水少々(材料外)をつけ、4辺を折って角をつまむ。12個作る。

4　フライパンにごま油を温め、3を並べて中火で焼く。底面に焼き色がついたら水50mℓ(材料外)を加え、ふたをして、弱めの中火で約3分蒸し焼きにする。皿に盛り、酢・しょうゆ・ラー油各適量(材料外)を合わせて添える。

かんたん

皮に具をのせて、角をつまむだけ。

シーフード

むきえび

プリプリえびと
アスパラの炒めもの

えびにかたくり粉をもみこむのがポイント。
しょうががさわやかに香ります。

[材料] 2人分

むきえび ·············· 100g
┌ 塩 ················· 少々
│ 酒 ············· 大さじ1/2
Ⓐ かたくり粉 ··· 小さじ1/2
└ ごま油 ········· 小さじ1
グリーンアスパラガス
·················· 5本

ねぎ ·············· 1/2本
しょうが ········· 1かけ(10g)
ごま油 ·············· 小さじ1
┌ 中華スープの素・しょうゆ
Ⓑ ············ 各小さじ1/2
└ 酒 ··············· 小さじ2

[作り方] 調理時間15分　1人分100kcal／塩分1.1g

1 アスパラガスは1.5cm幅、ねぎは1cm幅の斜め
　 切りにする。しょうがはせん切りにする。

2 えびはⒶを順にもみこむ。Ⓑは合わせる。

3 フライパンにアスパラガスと水大さじ1（材料
　 外）を入れ、ふたをして、強めの中火で約1分
　 蒸し焼きにする。とり出す。

4 フライパンにごま油を温め、ねぎ、しょうがを
　 入れて中火で炒める。香りが出たら、えびを加
　 えて炒める。えびの色が変わったら、アスパラ
　 ガスを戻し入れ、Ⓑを加えて混ぜ合わせる。

118

シーフード

えびのヤムウンセン

タイ風の春雨サラダ。
具だくさんでさっぱりヘルシー。

むきえび

〔材料〕2人分

むきえび …………… 60g
A ┌ 塩 ……………… 少々
  └ 酒 …………… 小さじ1
きゅうり …………… 1/2本
パプリカ(黄)…… 1/4個
香菜(シャンツァイ) …… 1枝(10g)
春雨 ……………… 20g

赤とうがらし(小口切り)…… 1/2本
にんにく(すりおろす)… 小1片(5g)
B レモン汁 ………… 大さじ1・1/2
ナンプラー ……………… 大さじ1
砂糖・ごま油 ……… 各小さじ1

〔作り方〕調理時間15分　1人分93kcal ／塩分1.6g

1 きゅうりは縦半分に切り、斜め薄切りにする。パプリカは長さを半分にして、薄切りにする。香菜は葉をとりおき、茎は3cm長さに切る。

2 春雨はキッチンばさみで食べやすく切る。えびはAをふる。

3 ボールにBを合わせ、きゅうり、パプリカ、香菜の茎を加えて混ぜる。

4 鍋に湯を沸かし、春雨を3分ほどゆで、とり出す。続けて同じ湯でえびを30秒ほどゆでる。それぞれ水気をきり、3に加えてあえる。器に盛り、香菜の葉を飾る。

120

シーフード

えびのヨーグルトカレー

カレー味でえびのくさみをオフ。
ヨーグルトを加えてまろやかに。

むきえび

[材料] 2人分

むきえび	100g	水	200mℓ
なす	1個(70g)	カレールウ	1皿分(20g)
たまねぎ	1/2個(100g)	プレーンヨーグルト	100g
にんにく	小1片(5g)	塩・こしょう	各少々
オリーブ油	大さじ1		

[作り方] 調理時間20分　1人分211kcal／塩分1.7g

1　なすはひと口大の乱切りに、たまねぎ、にんにくはみじん切りにする。

2　鍋にオリーブ油大さじ1/2を温め、えびを入れて中火で炒める。色が変わったらとり出す。

3　鍋にオリーブ油大さじ1/2をたし、にんにく、たまねぎを入れて中火で炒める。たまねぎが透き通ってきたら、なすを加えて炒める。

4　なすに油がまわったら、分量の水を加える。煮立ったら火を止め、カレールウを加えて溶かす。えびを戻し入れ、ヨーグルトを加えて火にかける。再び煮立ったら、塩、こしょうで味をととのえる。

シーフード

むきえび

えびの吉野煮

とろみのついた、やさしい味わいの煮もの。
体が温まります。

〔材料〕2人分

むきえび ················· 80g
　酒 ················· 大さじ1/2
　かたくり粉 ········ 大さじ1/2
かぶ ················· 2個
しいたけ ················· 2個
しょうが ············ 1かけ（10g）
┌ だし ················· 200㎖
Ⓐ 酒 ················· 大さじ1
└ うすくちしょうゆ＊ ··· 小さじ1
＊なければ、しょうゆ小さじ1/2＋塩少々で代用可。

〔作り方〕調理時間15分　1人分66kcal／塩分0.7g

1　かぶは6等分のくし形に切って、皮をむく。し
　　いたけは2等分のそぎ切りにする。しょうがは
　　皮をこそげて、薄切りにする。えびは酒大さじ
　　1/2をふる。

2　鍋にⒶを合わせて火にかける。煮立ったら、か
　　ぶとしょうがを加え、弱めの中火で4〜5分煮
　　る（ふたはしない）。

3　えびの水気をペーパータオルでふき、かたくり
　　粉をまぶす。2にえび、しいたけを加え、さら
　　に1〜2分煮る。

四角くても"たこ焼き"

卵焼き器で作る四角いたこ焼き。
ふんわり、とろっとしたおいしさはそのまま!

[材料] 1枚分

ゆでだこ …… 50g	サラダ油 …… 少々
Ⓐ とき卵 …… 1個分	ウスター(または中濃)ソース
水 …… 110ml	…… 適量
小麦粉 …… 40g	青のり …… 適量
キャベツ …… 40g	
紅しょうが …… 15g	
けずりかつお …… 2g	

[作り方] 調理時間15分　1枚分322kcal／塩分3.0g

1. キャベツは粗みじん切りにし、Ⓐを合わせてよく混ぜる。たこは1cm大に切る。
2. 卵焼き器(約13×18cm)に油をひいて、Ⓐを流し入れ、菜箸でかき混ぜる。少し固まってきたら、たこを手前半分に並べ、中火で約1分焼く。フライ返しで生地を手前へ半分に折り返し、両面に焼き色がつくまで、約3分焼く(途中で上下を返す)。
3. 食べやすく切り、皿に盛って、ソースと青のりをかける。

多少形がくずれても、焼きながら整えれば大丈夫。

シーフード

たことじゃがいもの
ガーリック炒め

味つけは塩、こしょうのみ。
しその風味が意外と合います。

ゆでだこ

[材料] 2人分

ゆでだこ ················· 100g
じゃがいも ········· 1個(150g)
しその葉 ················· 5枚
にんにく ············· 1片(10g)
オリーブ油 ········· 大さじ1/2
塩・こしょう ··········· 各少々

[作り方] 調理時間15分　1人分138kcal ／塩分0.6g

1　じゃがいもは皮をむき、1cm厚さのいちょう切
　　りにする。水にさらして水気をきる。耐熱容器
　　に入れ、ラップをかけ、電子レンジで約3分
　　(500W)加熱する(竹串を刺してスッと通れば
　　OK)。

2　しそは粗みじん切りに、にんにくはみじん切り
　　にする。たこは5mm厚さのそぎ切りにする。

3　フライパンににんにくとオリーブ油を入れて、
　　弱火で炒める。香りが出たらじゃがいもを加え、
　　中火で1〜2分炒める。たこを加えてさっと炒
　　め、塩、こしょうで味をととのえる。しそを加
　　えて軽く混ぜる。

シーフード

たこのコチュジャン煮

たこは加熱しすぎるとかたくなるので、
さっと煮るのがコツ。

ゆでだこ

[材料] 2人分

ゆでだこ ……………… 100g
とうふ（絹）…… 1/2丁（150g）
春菊 ………………… 40g
にんにく ……… 小1片（5g）
コチュジャン …… 大さじ1/2
A しょうゆ ……… 大さじ1/2
水 ……………… 大さじ4

[作り方] 調理時間15分　1人分109kcal／塩分1.0g

1 とうふは4等分に切る。トレーなどにのせて斜
めにかたむけ、10分ほどおいて水きりをする。

2 春菊は5cm長さに切る。にんにくはすりおろす。
たこは5mm厚さのそぎ切りにする。

3 鍋にⒶを合わせてよく混ぜ、火にかける。煮立
ったらとうふを加え、中火で約2分煮る（ふた
はしない）。春菊の茎とたこを加え、さらに約
1分煮る。春菊の葉を加え、さっと火を通す。

シーフード

ゆでだこ

たこの和風コブサラダ

ボリューム満点！
からし風味のドレッシングでどうぞ。

[材料] 2人分

ゆでだこ	100g
厚揚げ	1/2枚（100g）
アボカド	1/2個

A
粒マスタード	大さじ1/2
しょうゆ	大さじ1/2
酢	大さじ1・1/2
砂糖	小さじ2
練りがらし	小さじ1
ごま油	小さじ1/2

[作り方] 調理時間10分　1人分223kcal／塩分1.1g

1　アボカド、たこは1.5cm大に切る。厚揚げはオーブントースターで5〜6分、表面がパリッとするまで焼き、1.5cm角に切る。Aは合わせる。

2　アボカド、たこ、厚揚げを皿に盛り、Aをかけて食べる。

シーフード / ロールいか

いかの なんちゃって墨炒め

いか墨?
と見せかけて、実はのりのつくだ煮なんです。

[材料] 2人分

ロールいか ･･････････････ 100g
さやいんげん ･･････････････ 70g
エリンギ ･････ 1/2パック(50g)
バター ････････････････････ 10g
のりのつくだ煮(市販) ･･･ 大さじ1

[作り方] 調理時間15分　1人分90kcal／塩分0.9g

1　いんげんは4cm長さの斜め切りにする。エリンギは長さを半分に切り、6〜8つ割りにする。いかは5cm長さ、1cm幅に切る。

2　フライパンにバターを溶かし、いかを入れて、中火で炒める。色が変わったら、いんげん、エリンギを加えて4〜5分炒める。のりのつくだ煮を加え、全体をよく混ぜ合わせる。

おいしい

のりのつくだ煮は、味つけにも使えます!

シーフード

ロールいか

コロコロいかと
豆のワイン蒸し

ありそうでなかった組み合わせ。
彩りがきれいで、おもてなしにも向きます。

〔材料〕2人分

ロールいか	100g
塩・こしょう	各少々
ミックスビーンズ（水煮）	1缶(120g)
ミニトマト	8個
にんにく	小1片(5g)
オリーブ油	大さじ1/2
白ワイン	大さじ3
パセリのみじん切り	大さじ1

〔作り方〕調理時間15分　1人分175kcal／塩分1.2g

1　ミニトマトは半分に切る。にんにくはみじん切りにする。いかは2cm角に切り、塩、こしょうをふる。

2　フライパンにオリーブ油とにんにくを入れて、弱火で炒める。香りが出たら、いかとミックスビーンズを加え、中火でさっと炒める。

3　白ワインを加え、ふたをして2分ほど蒸し焼きにする。トマトを加え、塩・こしょう各少々（材料外）で味をととのえる。皿に盛り、パセリをふる。

136

シーフード

ロールいか

棒々いか
（バン バン）

（バンバンジー）
棒々鶏よりおいしいかも!?
豆板醤をピリッと効かせます。

〔材料〕2人分

ロールいか ···· 150g
├ 湯 ········ 400㎖
├ 酒 ······ 大さじ1
├ 塩 ········· 少々
きゅうり ········ 1本
きくらげ ········ 3g

Ⓐ
練りごま(白) ······· 大さじ1
砂糖 ················ 小さじ1
豆板醤（トウバンジャン） ······· 小さじ1/3
しょうが汁 ········· 小さじ1
しょうゆ ·········· 小さじ1
酢 ··············· 小さじ1

〔作り方〕調理時間15分（もどす時間は除く）
1人分116kcal ／塩分1.2g

1 きくらげは水につけてもどし、大きければ半分
   に切る。きゅうりは斜め薄切りにしてから、細
   切りにする。Ⓐは合わせる。

2 いかは格子状に切り目を入れ、4㎝長さ、7〜8
   ㎜幅に切る。鍋に分量の湯を沸かし、酒、塩を
   入れ、いかを加えて1〜2分ゆでる。水気をきり、
   さます。

3 皿にきゅうり、きくらげ、いかを盛り、Ⓐをか
   ける。

シーフード / ロールいか

かんたん衣のいかフライ

衣にマヨネーズを使うから
しっかりつけやすい。

[材料] 2人分

ロールいか	150g
Ⓐ マヨネーズ	大さじ1
水	大さじ2
小麦粉	大さじ3
塩・こしょう	各少々
パン粉	カップ3/4(30g)
揚げ油	適量
レモン(くし形切り)	2切れ

[作り方] 調理時間10分　1人分363kcal／塩分1.1g

1　いかは7cm長さ、2cm幅に切る。ボールにⒶを合わせる。

2　いかの水気をペーパータオルでしっかりふき、Ⓐ、パン粉の順に衣をつける。揚げ油を180℃に熱し、いかを色よく揚げる。皿に盛り、レモンを添える。

つけあわせ

キャベツのマリネ
(p.53)

シーフード

ほたてのソテー
アンチョビトマトソース

さっと焼いたほたてを、
トマトとからめてイタリアン風に。

[材料] 2人分

ほたて

ほたて貝柱(生食用) … 4個(90g)
　塩・こしょう …………… 各少々
トマト ……………… 小1個(150g)
オリーブ(黒・種なし) ……… 4個
アンチョビ ……………… 1枚(5g)
にんにく …………… 小1片(5g)
オリーブ油 …………… 小さじ2

[作り方] 調理時間15分　1人分112kcal／塩分0.9g

1　トマトは1cm角に切る。オリーブ、にんにく、
　　アンチョビは粗みじん切りにする。

2　ほたては片面に「井」の字に切りこみを入れ、塩、
　　こしょうをふる。フライパンにオリーブ油小さ
　　じ1/2を温め、ほたての両面を強めの中火でさ
　　っと焼く(中まで火を通さない)。とり出す。

3　フライパンにオリーブ油小さじ1・1/2をたし、
　　にんにくを入れて弱火で炒める。香りが出たら、
　　トマト、オリーブ、アンチョビを加えて、中火
　　で約2分炒める。ほたてを戻し入れ、全体を混
　　ぜ合わせる。

142

シーフード

ほたて

霜ふりほたての梅だれ

ほたての白に、梅だれの赤が映えて、
ちょっぴり上品。

［材料］2人分

ほたて貝柱（生食用）… 4個（90g）
えのきだけ ………… 1袋（100g）
┊ 梅干し ………… 1個（20g）
Ⓐ みりん ……………… 小さじ2
┊ 酒・ごま油 ………… 各小さじ1
きざみのり …………………… 5g

［作り方］調理時間10分　1人分98kcal ／塩分2.0g

1　えのきは根元を落とす。熱湯でさっとゆで、水
　　気をきる。

2　同じ湯でほたてをさっとゆで（中まで火を通さ
　　ない）、厚みを半分に切る。

3　梅干しは種を除いて果肉を包丁でたたき、Ⓐを
　　合わせる（梅干しの塩気が強い場合は、果肉の
　　量を減らす）。器にほたて、えのきを盛り、Ⓐ
　　をかけてのりをのせる。

シーフード

ほたての
レンチンサラダ

材料を合わせてレンジでチンするだけ！
野菜がたっぷり食べられます。

ほたて

〔材料〕2人分

ボイルほたて …… 大4個(120g)
水菜 …………………………… 60g
もやし ………………… 1/2袋(100g)
たまねぎ ……………… 1/4個(50g)
Ⓐ 砂糖・しょうゆ … 各大さじ1/2
　 酢 ……………………… 大さじ1
　 サラダ油 ………… 大さじ1/2

〔作り方〕調理時間10分　1人分112kcal／塩分0.9g

1　水菜は4〜5cm長さに切る。
2　たまねぎは半量をすりおろし、残りはみじん切りにする。Ⓐは合わせ、両方のたまねぎを加えて混ぜる。
3　耐熱皿に水菜、もやしを広げ、ほたてをのせる。ふんわりとラップをかけ、電子レンジで約4分(500W)加熱する。
4　皿に盛り、2をかける。

節約

お手ごろな水菜と
もやしでカサ増し。

シーフード

ほたて

ほたての
もずく酢サンラータン

酸味と辛味が特徴のサンラータンを、
もずく酢とラー油でかんたんに。

〔材料〕2人分

ボイルほたて … 小8個(100g)
ゆでたけのこ …………… 50g
にんじん ………………… 30g
味つきもずく酢 … 1パック(70g)
Ⓐ 水 ………………… 300ml
　　酒 ………………… 大さじ1
　　中華スープの素 …… 小さじ1

Ⓑ　かたくり粉 … 大さじ1/2
　　水 ………… 大さじ1
こしょう …………… 少々

〔作り方〕調理時間15分　1人分85kcal ／塩分1.4g

1　たけのこは3cm長さの薄切りにする。にんじん
　　は3cm長さのたんざく切りにする。

2　鍋にⒶと1、もずく酢を入れて、火にかける。
　　煮立ったら中火にし、約5分煮る（ふたはしな
　　い）。

3　ほたてを加え、再び煮立ったら、Ⓑの水溶きか
　　たくり粉を加える。ひと煮立ちさせ、とろみが
　　ついたら火を止めて、こしょうをふる。器に盛
　　り、好みでラー油や酢各適量(材料外)をかけて
　　食べる。

148

シーフード　シーフードミックス

シーフードの
スピード八宝菜

炒め合わせるだけでパパッと作れます。
シーフードミックスの解凍にも技あり!

[**材料**] 2人分

シーフードミックス（冷凍）	200g
酒	大さじ1
チンゲンサイ	100g
しいたけ	4個
ごま油	大さじ1/2

水	80ml
酒	大さじ1/2
中華スープの素	小さじ1/2
Ⓐ 塩	小さじ1/6
しょうが汁	小さじ1
かたくり粉	小さじ1
黒こしょう	少々

[**作り方**] 調理時間15分　1人分111kcal／塩分1.5g

1. チンゲンサイはざく切りにする。しいたけは7～8mm幅に切る。
2. Ⓐは合わせる。
3. フライパンに凍ったままのシーフードミックスを入れ、酒大さじ1をふる。ふたをして、強めの中火で約2分蒸し煮にする。ざるにとって汁気をきる。
4. フライパンの汁気をペーパータオルでふき、ごま油を温める。1、3を入れ、強めの中火で炒める。チンゲンサイがしんなりしたら、Ⓐを再度混ぜてから加える。混ぜながら加熱し、とろみがついたら火を止める。

凍ったまま蒸し煮にして、解凍時間を短縮します。

シーフードの コーンチャウダー

コーン缶でとろ〜り、クリーミーに。
子どもも大好き！

［材料］2人分

シーフードミックス（冷凍）	200g
じゃがいも	100g
たまねぎ	1/4個（50g）
にんじん	30g
Ⓐ 水	100mℓ
スープの素	小さじ1
Ⓑ コーン缶詰（クリーム）	小1缶（190g）
牛乳	100mℓ
塩・こしょう	各少々

［作り方］調理時間15分　1人分228kcal／塩分2.6g

1　野菜は1㎝角に切る。鍋に野菜とⒶを入れ、ふ
　　たをして中火で約5分煮る。

2　野菜がやわらかくなったら、ふたをとり、Ⓑ、
　　シーフードミックス（凍ったまま）を加える。弱
　　火で2〜3分煮る。塩、こしょうで味をととの
　　える。

シーフードかき揚げ

サクサクのかき揚げを、
山椒塩でシンプルに食べます。

〔材料〕2人分

シーフードミックス（冷凍）… 200g
三つ葉 …… スポンジ1個（15g）
Ⓐ 天ぷら粉 ………… 大さじ3
水 ………………… 大さじ2
揚げ油 ………………… 適量
Ⓑ 粉山椒・塩 ………… 各適量

〔作り方〕調理時間15分　1人分243kcal／塩分1.0g

1　三つ葉は3cm長さに切る。シーフードミックス
　　は凍ったままざるに入れ、熱湯を回しかけて水
　　気をきる。合わせてボールに入れ、天ぷら粉大
　　さじ1（材料外）をまぶす。

2　別のボールにⒶを合わせ、1を加えて軽く混ぜ
　　る。4等分する。

3　揚げ油を180℃に熱し、2をスプーンですくっ
　　て静かに入れる。時々上下を返しながら、カラ
　　リと揚げる。皿に盛り、Ⓑを合わせて添える。

シーフードが余ったら…

✦ むきえび、ほたて（貝柱・ボイル）

冷蔵保存 △

鮮度が落ちやすいので、その日のうちに使う。

冷凍保存 ✕

ほとんどが解凍品なので、再冷凍はNG。

✦ ゆでだこ

冷蔵保存 ◎

パックのまま冷蔵庫へ。消費期限内に使う。

冷凍保存 ◎

ラップで包んで、保存袋に入れる。2〜3週間保存可能。
解凍方法はp.96の切り身と同じ。

✦ 冷凍品のシーフード
（むきえび、ほたて（貝柱・ボイル）、ロールいか、シーフードミックスなど）

冷凍保存 ◎

使いかけは保存袋に移すなどして密閉し、約1か月をめやすに使いきる。
解凍方法はp.115参照。
一度解凍したら再冷凍は避ける（ロールいかなどは、半解凍して必要な分だけを切り出して使うとよい）。

缶詰のおかず

さばかない・おろさない! だから
こんな缶詰を使います

缶詰には魚の栄養がぎっしり!
魚を生のまま詰めて真空加熱するから、DHAやビタミンなどの栄養が失われにくい。また、骨まで丸ごと食べられ、カルシウムもバッチリとれます。

さんま缶

水煮
「水煮」とはいえ、塩分はあるので気をつけて!

蒲焼き
甘から味のたれが、食欲をそそります。

さば缶

水煮
栄養価は魚缶の中でもNo.1☆

みそ煮
みそ味をいかし、調味料いらずでアレンジ可能。

オイルサーディン

いわしをオイル煮にしたもの。
「アンチョビ（いわしの塩漬け）」とは違うので、ご注意を。

さけ缶

🚩水煮
くせがなくて食べやすい、
昔ながらの定番品。

中身はこんな感じ

🚩中骨水煮

カルシウムがたっぷり！
「中骨」だけでなく、身も
ちゃんと入っています。

下ごしらえMemo

魚缶を使うときに、汁をきって捨てていま
せんか？ 魚缶の汁には、栄養やうま味が
溶け出しています。煮ものやスープには、
汁まで全部加えましょう。ほかにも、野菜
の下味(p.168)や、炒めものの味つけ(p.172、
174)など、いろいろな使いみちがあります。

缶詰

さんま水煮缶

さんま缶の
ささっとキムチ炒め

味つけ不要がうれしい！
ごはんが進む一品。

[材料] 2人分

さんま水煮缶詰 … 1缶（200g）
ねぎ（緑の部分も含む）… 1本
はくさいキムチ … 70g
ごま油 … 小さじ1

[作り方] 調理時間10分　1人分288kcal／塩分1.7g

1. ねぎは7〜8mm幅の斜め切りにする。キムチはひと口大に切る。さんま缶は身と汁に分ける。

2. フライパンにごま油を温め、ねぎを入れて中火で炒める。油がまわったら、さんま缶の身と、汁大さじ1を加えて、手早く炒め合わせる。汁気がなくなったら、キムチを加えてさっと混ぜる。

節約

おトクなさんま缶とねぎを、残りがちなキムチでまとめます。

さんま缶とほうれんそうの健康ごまあえ

さっと作れて、栄養バッチリ。

[材料] 2人分

さんま水煮缶詰 … 1/2缶(100g)
ほうれんそう …… 1/2束(100g)
すりごま(黒) ………… 大さじ1

[作り方] 調理時間5分　1人分141kcal／塩分0.5g

1. ほうれんそうは熱湯でゆで、水にとって水気をしぼる。3〜4cm長さに切る。
2. ボールにほうれんそう、さんま缶(汁を軽くきる)、ごまを入れてざっとあえる。

さんま缶の焼きうどん

ゆずこしょうの風味が効いています。

[材料] 2人分

さんま水煮缶詰 … 1缶(200g)	サラダ油 … 小さじ1
キャベツ … 200g	Ⓐ ぽん酢しょうゆ … 大さじ2
しめじ … 1パック(100g)	ゆずこしょう … 小さじ1/2
ゆでうどん … 2玉(400g)	

[作り方] 調理時間15分　1人分535kcal／塩分3.0g

1 キャベツは3cm角に切る。しめじは小房に分ける。Ⓐは合わせる。
2 フライパンに油を温め、キャベツ、しめじを入れて中火で炒める。油がまわったら、うどん、さんま缶(汁ごと)を加えてさっと炒める。
3 全体がなじんだら、Ⓐを加えて大きく混ぜ合わせる。

缶詰 さんま蒲焼き缶

さんま缶で節約うざく

うなぎの蒲焼きを使うより、ずっとおトク！

[材料] 2人分

さんま蒲焼き缶詰	1缶（100g）
きゅうり	1本
塩	少々
カットわかめ	3g
しょうが	1かけ（10g）
Ⓐ 酢	大さじ1
砂糖	小さじ1
ごま油	小さじ1/2

[作り方] 調理時間10分　1人分135kcal／塩分1.3g

1 きゅうりは小口切りにし、塩をふって軽くもむ。約5分おき、水気をしぼる。わかめは袋の表示通りにもどし、水気をきる。

2 さんま缶はひと口大にほぐす。しょうがはすりおろす。

3 器にきゅうり、さんま、わかめを盛る。しょうがをのせ、Ⓐを合わせてかける。

さんま缶の混ぜずし

みかんの皮を加えてさわやかに。

[材料] 2人分

さんま蒲焼き缶詰 … 1缶(100g)	三つ葉 … スポンジ1個(15g)
温かいごはん …………… 300g	酢 …………………… 大さじ2
いりごま(白) ………… 大さじ1	Ⓐ 砂糖 ………………… 小さじ1
みかんの皮* … 1/2個分(約10g)	塩 ………………… 小さじ1/2

＊ゆずやオレンジなど、ほかのかんきつ類の皮でも。

[作り方] 調理時間10分　1人分397kcal／塩分2.0g

1　三つ葉は葉を数枚とりおき、残りは2cm長さに切る。みかんの皮はみじん切りにする。さんま缶は軽くほぐす。Ⓐは合わせる。

2　ボールにごはん、Ⓐを入れ、しゃもじで切るように混ぜる。ごま、みかんの皮、さんま、三つ葉を順に加えて混ぜる。皿に盛り、とりおいた三つ葉の葉を飾る。

165

さんま缶の
オープンオムレツ

蒲焼きのたれと粉チーズがマッチ。
魚嫌いの子どもにもおすすめです。

[材料] 2人分

さんま蒲焼き缶詰 … 1/2缶(50g)
ブロッコリー ……………… 50g
パプリカ(赤) ……… 1/4個(40g)
卵 …………… 3個
粉チーズ … 大さじ1
黒こしょう …… 少々
サラダ油 … 小さじ2

[作り方] 調理時間20分　1人分237kcal／塩分0.8g

1　ブロッコリーは2cm大の小房に分ける。パプリカは1cm角に切る。

2　小さめのフライパン(直径約20cm)に油小さじ1を温め、1を入れて中火で約3分炒める。とり出して、さます。

3　ボールに卵をときほぐし、さんま缶を軽くほぐして加える。2、粉チーズ、黒こしょうを加えて混ぜる。

4　2のフライパンに油小さじ1を強めの中火で温め、3を入れて大きく混ぜる。半熟状になったらふたをして、弱めの中火で約3分焼く。上下を返し、さらに約3分焼く。食べやすく切って、皿に盛る。

さば缶の
カレーパン粉焼き

たまねぎとカレーの風味で、
さばのくさみが気になりません。

〔材料〕2人分

- さば水煮缶詰 ……… 1缶(200g)
- A
  - マヨネーズ ………… 大さじ1
  - カレー粉 …………… 小さじ1
  - 塩 ……………………… 少々
- じゃがいも …………… 1個(150g)
- たまねぎ(薄切り)… 1/2個(100g)
- B
  - パン粉 ……… 大さじ1
  - オリーブ油 … 小さじ1
- パセリ …………… 少々

〔作り方〕調理時間20分　1人分327kcal／塩分1.3g

1. じゃがいもは皮をむき、5mm厚さの輪切りまたは半月切りにする。
2. さば缶は身と汁に分ける。ボールに身を入れてほぐし、Aを加えて混ぜる。
3. 耐熱皿2つにじゃがいもを半量ずつ並べ、さば缶の汁を大さじ1ずつかける。ラップをかけ、電子レンジで1つにつき約2分（500W。2つ同時なら約3分）加熱する。
4. たまねぎ、2のさば缶の身、Bを半量ずつ順にのせる。オーブントースターで7〜9分、軽く焼き色がつくまで焼く。パセリの葉をちぎって散らす。

うま味と栄養満点の缶汁は、じゃがいもにかけてチン。

缶詰

さば水煮缶

"缶たん"さば煮

缶汁＆めんつゆで味つけ"かんたん"。

〔材料〕2人分

さば水煮缶詰 … 1缶(200g)
だいこん … 200g
がんもどき … 小4個(60g)
水 … 300㎖
めんつゆ(3倍濃縮) … 大さじ1・1/2
万能ねぎ … 2本

〔作り方〕調理時間15分　1人分285kcal／塩分2.1g

1 だいこんは1cm厚さのいちょう切りにする。万能ねぎは小口切りにする。
2 鍋にだいこんと分量の水を入れ、中火で4～5分煮る（ふたはしない）。だいこんが透き通ったら、がんもどき、さば缶（汁ごと）、めんつゆを加え、さらに2～3分煮る。
3 器に盛って煮汁を少しはり、万能ねぎを散らす。

170

さば缶サンド

トルコ名物のサンドイッチを、缶詰で手軽に。

〔材料〕2人分

さば水煮缶詰 …… 1/2缶(100g)	バゲット …………… 25cm
レタス ……………………… 2枚	オリーブ油 ……… 小さじ2
紫たまねぎ ……………… 40g	レモン(くし形切り) … 2切れ
マヨネーズ …………… 大さじ1	

〔作り方〕調理時間10分　1人分521kcal／塩分2.5g

1　紫たまねぎは薄切りにする。

2　バゲットは長さを半分に切る。横に切りこみを入れ、内側にオリーブ油を塗る。レタス、さば缶(汁はきる)、マヨネーズ、紫たまねぎを順にはさみ、レモンをしぼって食べる。

缶詰

さば缶の食べみそ

肉みそ風にアレンジ。ごはんのお供にどうぞ。

〔材料〕作りやすい分量

さばみそ煮缶詰 …… 1缶(200g)
しいたけ …………………… 3個
ねぎ(緑の部分も含む)… 1/2本
しょうが …… 1かけ(10g)
サラダ油 …… 小さじ1

〔作り方〕調理時間10分　全量494kcal／塩分2.2g

1　しいたけは7〜8mm角に切る。ねぎは小口切りに、しょうがはみじん切りにする。

2　フライパンに油を温め、ねぎとしょうがを入れて、中火で1〜2分炒める。しいたけ、さば缶(汁ごと)を加え、さばをほぐしながら、汁気がなくなるまで炒める。

＊ごはんやとうふにのせて食べる。冷蔵庫で3〜4日保存可能。

さば缶の冷や汁

火を使わず混ぜるだけ。食欲のないときにも◎。

[材料] 2人分

さばみそ煮缶詰 … 1/2缶（100g）	しその葉 ………… 4枚
水 ………………………… 150mℓ	みょうが ………… 1個
すりごま（白） ………… 大さじ1	
しょうゆ ……………… 小さじ1	

[作り方] 調理時間5分　1人分127kcal／塩分1.0g

1　しそ、みょうがはせん切りにする。
2　ボールにさば缶を汁ごと入れてほぐし、すりごまを加えて混ぜる。分量の水を加えて混ぜ、しょうゆで味をととのえる。
3　器に盛り、1をのせる。

缶詰

さばみそ煮缶

さば缶と
なすのみそ炒め

味つけも缶詰におまかせ。
ボリューム満点で家族も喜ぶ！

［材料］2人分

さばみそ煮缶詰 … 1缶（200g）
なす … 2個（140g）
ししとうがらし … 6本
ごま油 … 小さじ2
七味とうがらし … 少々

［作り方］調理時間10分　1人分272kcal／塩分1.1g

1. なすは長さを半分に切り、縦6〜8つ割りにする。ししとうは縦に1本切り目を入れる。

2. フライパンにごま油を温め、なす、ししとうを入れて中火で炒める。なすがしんなりしたら、さば缶を汁ごと加えてざっと混ぜ合わせる。皿に盛り、七味とうがらしをふる。

さば缶は火が通っているので、最後に加えればOK。

オイルサーディンの
アヒージョ

バル風のおつまみが、
あっという間に作れます。

[材料] 2人分

オイルサーディン缶詰	1缶(100g)
ブロッコリー	50g
マッシュルーム(白)	4個

A
- にんにく … 小1片(5g)
- オリーブ油 … 大さじ2
- 塩 … 小さじ1/8

こしょう … 少々
バゲット … 適量

[作り方] 調理時間10分　1人分286kcal／塩分1.0g

1　ブロッコリーは2〜3cm大の小房に分ける。マッシュルームは半分に切る。オイルサーディンは身と油に分ける。

2　にんにくはすりおろし、Aとオイルサーディンの油を合わせる。

3　耐熱皿にオイルサーディンの身、ブロッコリー、マッシュルームを盛りつけ、2をかける。塩、こしょうをふり、オーブントースター(またはグリルの強火)で約5分焼く(油が多いので、目を離さないように注意)。バゲットを添える。

オイルサーディンの
バタぽん焼き

オイルサーディンは、和風の味つけも合います。

[材料] 2人分

オイルサーディン缶詰 … 1缶(100g)	バター ………………… 10g
オクラ ……………………… 5本	ぽん酢しょうゆ … 大さじ1
長いも …………………… 150g	

[作り方] 調理時間10分　1人分225kcal／塩分1.1g

1　オクラはがくをむき、斜め半分に切る。長いもは皮をむき、5mm厚さの半月切りまたはいちょう切りにする。

2　フライパンにバターを溶かし、オイルサーディン(油はきる)、1を入れる。中火で2〜3分、焼き色がつくまで焼き、ぽん酢を回しかけて火を止める。

オイルサーディンの
エスニック蒸し

香菜をたっぷりのせて風味よく。

[材料] 2人分

オイルサーディン缶詰 … 1缶(100g)
ミニトマト ……………………… 8個
ナンプラー ………………… 小さじ1
香菜(シャンツァイ) … 1枝(10g)
レモン汁 …… 小さじ1

[作り方] 調理時間10分　1人分198kcal ／塩分0.9g

1　ミニトマトはへたをとる。香菜は3～4cm長さに切る。
2　小鍋にオイルサーディン(油ごと)、トマト、ナンプラーを入れ、強火にかける。煮立ったらふたをして、弱火で約2分蒸し煮にする。
3　器に盛ってレモン汁をかけ、香菜をのせる。

缶詰 オイルサーディン

サーディンのオイルパスタ

缶の油のうま味をいかした、シンプルなパスタ。

〔材料〕2人分

- オイルサーディン缶詰 … 1缶(100g)
- Ⓐ にんにく(薄切り) …… 1片(10g)
- 　 赤とうがらし(小口切り) …… 1本
- スパゲティ ………………… 160g
- Ⓑ 湯 ………………… 1ℓ
- 　 塩 ………… 小さじ1
- しょうゆ ……… 小さじ1
- 塩・黒こしょう … 各少々

〔作り方〕調理時間20分　1人分491kcal／塩分1.5g

1. スパゲティはⒷの湯で表示より約1分短くゆで、水気をきる(ゆで汁50mℓはとりおく)。オイルサーディンは身と油に分ける。
2. フライパンにオイルサーディンの油、Ⓐを入れ、弱火で炒める。香りが出たら、オイルサーディンの身を加え、中火で約1分、ほぐしながら炒める。スパゲティ、ゆで汁、しょうゆを加えて混ぜ、塩・黒こしょう各少々で味をととのえる。

オイルサーディンの
ピザトースト

朝ごはんやランチにぴったり。

〔材料〕2人分

オイルサーディン缶詰 …… 1缶（100g）	ピザ用チーズ …………… 40g
ピーマン ……………… 1個	食パン（6枚切り）……… 2枚
コーン（ホール）……… 40g	Ⓐ トマトケチャップ … 大さじ2 / 粒マスタード …… 小さじ2

〔作り方〕調理時間10分　1人分423kcal ／塩分2.4g

1　ピーマンは薄い輪切りにする。Ⓐは合わせる。
2　食パンにⒶを塗り、オイルサーディン（油はきる）、ピーマン、コーン、チーズを順にのせる。オーブントースターで約5分、チーズが溶けるまで焼く。

缶詰

さけ水煮缶

さけ缶の "ゴハン"バーグ

残りごはんで作れる、おやき風ハンバーグ。
れんこんの歯ごたえも◎。

[材料] 2人分

さけ水煮缶詰 … 小1缶(90g)
ねぎ …………………… 10cm
れんこん ……………… 50g
温かいごはん ………… 100g
しょうゆ …………… 小さじ1
ごま油 ……………… 小さじ1

つけあわせ

にらのラー油あえ
(p.53)

[作り方] 調理時間15分　1人分191kcal／塩分1.2g

1 ねぎは粗みじん切りにする。れんこんは5mm角に切る。

2 ボールにさけ缶(汁はきる)と1、ごはん、しょうゆを入れて混ぜる。4等分し、丸く形を整える。

3 フライパンにごま油を温め、2を中火で約3分焼く。上下を返して、ふたをし、弱めの中火で約5分焼く。皿に盛り、練りがらし・しょうゆ各適量(材料外)を添える。

かんたん

ごはんを加えてボリュームUP。卵やパン粉はいりません。

182

缶詰

さけ水煮缶

さけ缶と
だいこんのゆかりサラダ

シャキシャキのだいこんと一緒にさっぱりと。

〔材料〕2人分

さけ水煮缶詰 …………… 小1缶(90g)	サラダ油 … 大さじ1/2
だいこん ……………………………… 100g	ゆかり ……… 小さじ1
ブロッコリースプラウト …… 1/2パック(20g)	

〔作り方〕調理時間5分　1人分118kcal／塩分0.8g

1 だいこんは5cm長さの細切りにする。スプラウトは根元を落とす。
2 ボールにさけ缶(汁ごと)、だいこん、スプラウトを入れ、油を加えてあえる。器に盛り、ゆかりをふる。

さけ缶の
クリーミーディップ

セロリの香りがよいアクセントに。

〔材料〕作りやすい分量

さけ水煮缶詰 … 小1缶(90g)	レモン汁 ……小さじ1
セロリ …………………… 30g	塩 ……… 小さじ1/4
クリームチーズ ………… 50g	黒こしょう ……… 少々

〔作り方〕調理時間5分　全量308kcal／塩分2.1g

1　セロリはみじん切りにする。
2　ボールにさけ缶（汁はきる）を入れ、つぶしながらほぐす。セロリ、クリームチーズ、レモン汁を加えて混ぜ合わせる。塩、黒こしょうで味をととのえる。

＊クラッカーやバゲット、野菜スティックにつけて食べる。

さけ缶の塩焼きそば

仕上げの黒こしょうは、
多めにふるのがポイント。

[材料] 2人分

さけ水煮缶詰	小1缶(90g)
チンゲンサイ	100g
もやし	1/2袋(100g)
中華蒸しめん	2玉(300g)
サラダ油	大さじ1/2
A 水	大さじ1
中華スープの素	小さじ1
塩	小さじ1/8
黒こしょう	適量

[作り方] 調理時間15分　1人分418kcal／塩分1.9g

1　チンゲンサイはざく切りにする。

2　フライパンに油を温め、チンゲンサイ、もやしを入れて強めの中火で炒める。しんなりしたら、めん、さけ缶（汁ごと）、Aを加え、めんをほぐしながら炒める。塩で味をととのえる。

3　皿に盛り、黒こしょうをふる。

缶詰

さけ中骨水煮缶

骨までおいしい
さけ缶チャーハン

さけ缶をしっかり炒めて、水気をとばすのがおいしさの秘訣。
中骨のコリコリ食感も楽しい!

〔材料〕2人分

さけ中骨水煮缶詰	1缶(150g)
卵	2個
にら	30g
温かいごはん	250g
サラダ油	大さじ1
けずりかつお	4g
しょうゆ	小さじ1
塩	少々

〔作り方〕調理時間15分　1人分414kcal／塩分1.7g

1. にらはみじん切りにする。さけ缶は身と汁に分ける。
2. 卵はときほぐし、さけ缶の汁大さじ1を加えて混ぜる。
3. フライパンに油大さじ1/2を強めの中火で温め、2を入れて、手早く大きく混ぜる。ふんわりしたら、とり出す。
4. フライパンに油大さじ1/2をたし、さけ缶の身を入れて2〜3分炒める。にら、ごはんの順に加えて全体を混ぜる。3、けずりかつおを加えて混ぜ合わせ、しょうゆ、塩で味をととのえる。

さけ缶の春雨スープ

カルシウムが溶け出した缶汁まで、丸ごと使います。

[材料] 2人分

- さけ中骨水煮缶詰 ………… 1缶（150g）
- 春雨 ………… 30g
- はくさい ………… 100g
- A 水 ………… 300㎖
- A 固形スープの素 … 1個
- こしょう ………… 少々

[作り方] 調理時間10分　1人分124kcal／塩分1.7g

1. はくさいはひと口大に切る。春雨はキッチンばさみで食べやすく切る。
2. 鍋にさけ缶を汁ごと入れ、A、1を加えて中火で約4分煮る（ふたはしない）。はくさいがやわらかくなったら、こしょうをふる。

缶詰が余ったら…

冷蔵保存◎

開封後はなるべく缶から出して、保存容器に移す（内面を塗装していない缶の場合、缶に入れたままにすると、空気に触れて金属が溶けやすくなるので注意）。2～3日で食べきる。

冷凍保存◎

缶から出し、小分けにしてラップで包み、保存袋に入れる。約1か月保存可能。冷蔵庫で解凍。凍ったまま加熱調理もできる。

※開封前の缶詰は、高温や直射日光を避け、室温で保存。賞味期限を過ぎても、すぐに食べられなくなるわけではない（ただし、缶が膨張していたり、液がにじみ出ていたりするものは避ける）。

余った缶詰＋薬味であと一品

だいこんおろしやたまねぎの薄切り、ねぎ・しょうが・みょうがのせん切りなどの薬味をのせ、しょうゆをかけます。夕ごはんにあと一品欲しいときや、晩酌のお供にぴったりです。

ベターホーム協会
1963年創立。「心豊かな質の高い暮らし」を目指し、日本の家庭料理
や暮らしの知恵を、生活者の視点から伝えています。活動の中心で
ある「ベターホームのお料理教室」は全国で開催。毎日の食事作りに
役立つ調理技術とともに、食品の栄養、健康に暮らすための知識、
環境に配慮した知恵などをわかりやすく教えています。

料 理 研 究	ベターホーム協会
	（大須賀眞由美・宮内玲子）
撮 影	柿崎真子
スタイリング	青野康子
イ ラ ス ト	平井きわ
ブックデザイン	Sparrow Design（林 陽子）
校 正	武藤結子
編 集	ベターホーム協会（中村天真）

さばかない・おろさない！
魚のおかず90

初版発行　2017年3月1日
2刷　　　2017年3月10日

編集・発行　ベターホーム協会
　　　　　　〒150-8363
　　　　　　東京都渋谷区渋谷1-15-12
　　　　　　〈編集〉Tel. 03-3407-0471
　　　　　　〈出版営業〉Tel. 03-3407-4871
　　　　　　http://www.betterhome.jp

ISBN978-4-86586-030-6
乱丁・落丁はお取替えします。本書の無断転載を禁じます。
© The Better Home Association, 2017, Printed in Japan